隠されてきた光と闇の
「秘密宇宙プログラム」
のすべて

――銀河プロジェクトII――

佐野美代子
Miyoko Sano

VOICE

マンティスとの戦闘ミッションで
瀕死の状態だった私は
「どうか殺さないでください！」
とテレパシーで必死に頼みました。

すると、

「あなたの目的は殺しではなく

愛することです。あなたは、

ここにいるべき人ではありません」

と教えられたのです。

そのマンティスは、

とても知的な存在であることがわかりました。

そして、彼らの方からその場を立ち去り、

私は助かったのです。

—— トニー・ロドリゲス ——

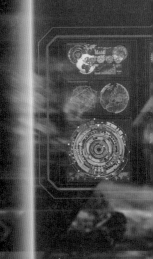

古代アークにアクセスできるのは、
特別な DNA があり、加えて、
崇高な意識を持っている人です。
その人は生きていて、
自分が何をすべきであり、
どのようにコマンドを起動させ、
ポータルを開くのかなどを
知っている必要もあります。

つまり、

アクセスできる人物を殺して

DNAサンプルだけを使うことは

できないのです。

—— Dr. マイケル・サラ ——

～ はじめに ～

　こんにちは、佐野美代子です。
　本書を手に取っていただき、誠にありがとうございます。

　あなたは、今、宇宙で起きていることをどこまでご存じ
ですか？
　地上での生活に追われていると、毎日を生きていくだけ
で精いっぱいで、宇宙で起きていることまで考えられな
い、という人もいるかもしれませんね。
　でも、宇宙時代は、すでにはじまっているのです！
　本書は、そのことを知っていただくため、そして、皆さ
んの視点と意識を地上から宇宙へと広げていただくための
1冊になると信じています。

　昨年（2022年）の6月に宇宙からのメッセンジャーで
あるお二人（イリアナ・ザ・スタートラベラーさん＆エレ
ナ・ダナーンさん）との対話をまとめた『銀河連合からの
使者＆スター・トラベラー　銀河プロジェクトI』（ヴォ
イス刊）をお届けしたところ、多くの読者の方から大変な

反響をいただくことになりました。

「SFみたいなお話が本当に起きているなんて信じられない！」
「ついに、銀河の時代が到来するんですね！」

　実際に宇宙を旅したり、異次元の銀河の仲間たちと実際に会ったりしている人からの臨場感あふれるリアルなメッセージは読者の皆さんの心に強く響いたようで、「今、宇宙で起きていることをもっと知りたい！」「フェイクな情報ではなく、本物の宇宙情報が知りたい！」「大手メディアが伝えないリアルな情報が知りたい！」などという声をたくさんいただきました。

　そこで、今回はその続編である「銀河プロジェクトⅡ」として、新たに宇宙のメッセンジャーであるお二人をお迎えして、宇宙で実際に起きていた真実、もしくは、現在進行形で起きている宇宙での動きについてご紹介することにしました。

　今回は、10歳のある日、異星人に拉致されて以降、20

年もの間、地球や宇宙で奴隷兵士としての日々を過ごしたトニー・ロドリゲスさんと、「宇宙政治学（エクソポリティクス）」の世界的権威者であるマイケル・サラ博士にご登場いただきます。

　今回もお二人が語ってくれるお話は、皆さんにとって「信じられない！」「SFなんかより、すごい！」などというものばかりでしょう。
　中には、少し怖いエピソードもあるかもしれませんが、すでに現在は銀河の仲間たちのおかげで闇側が退治され、人類は解放されつつあることがわかるはずです。
　これまで、闇側の異星人の支配下にある「カバール（闇の勢力）」が危険なワクチンや5G、マインド・コントロールや宇宙テクノロジーなどを用いて、歴史の中で人類の大虐殺と奴隷化を展開してきました。

　けれども、もうご安心ください。
　マイケル・サラ博士のもとには、光側の銀河連合関係の軍人、特使、司令官などが最新の情報を報告していますが、ありがたいことに、「銀河連合」や「銀河間連合」、「アンドロメダ評議会」や「5種族評議会（光のオリオン

評議会）」など、宇宙の善良でかつテクノロジー的にも進化した異星人たちが、人類を見守ってくれているのです。

　そして、そう遠くない将来、地球に住む私たちにも最先端の宇宙テクノロジーが公開され、有史以来、最も素晴らしい時代が到来します。
　読者の皆さんは、そんなエキサイティングなタイミングで地球に降りてきたのです！
　特に、人類を救済することをミッションとして転生してきたスターシードの方々は、この時期に不思議なほど内側から情熱が湧いてきているかもしれませんね。

　これからの地球は、想像を超えるような宇宙テクノロジーを駆使する銀河時代に突入していきます。
　それはきっと、今の暮らしがまるで何世紀も前のように感じられるほど、愛と平和と喜びにあふれる時代になるのです。
　ぜひ、そんな日がくることをイメージしながら、今回も私と一緒に銀河へと旅立ちましょう！

佐野美代子

Part
I

トニー・ロドリゲス
Tony Rodriguez

拉致されて 20 年にも及ぶ
壮絶な「秘密宇宙プログラム」
から帰還

— Contents —

Part II

Dr. マイケル・サラ
Dr. Michael Salla

ディスクロージャーは今すぐそこに！
人類の種の起源「シーダーズ」の
来訪で宇宙時代がスタート！

— P.103 —

— Contents —

Part III

“銀河の戦士たち” が今、結集！
光の勝利が人類の解放を導く！

～インタビューを終えて～

Miyoko Angel

— P.223 —

— Contents —

I

拉致されて20年にも及ぶ壮絶な「秘密宇宙プログラム」から帰還

トニー・ロドリゲス
Tony Rodriguez

アメリカ人。10歳の時にミシガン州の自宅から誘拐され、拷問的なMKウルトラ・タイプのトレーニングプログラムを強制的に受けさせられる。その後、ペルーに送られて麻薬取引の超能力の仕事をした後、シアトルに連れて行かれて悪魔崇拝のエリートのための性奴隷として所有される。さらに、闇側の「秘密宇宙プログラム」に売却され、「マーズコロニー社(火星植民地企業)」の支援兵士として短期間火星に滞在した。火星計画が中止されると、今度は「セレス・コロニー社(準惑星植民地企業)」に売られ、そこで10年以上暮らした。そこでは、ドイツ軍(ダークフリート)の船の修理工として働き、やがて恒星間貿易の貨物エンジニアとなる。20年後、時間を戻されて拉致された10歳の日の夜のベッドに戻された。

拉致されて
壮絶な人生を送った
トニー・ロドリゲスさん

美代子　本日、お招きしたのはトニー・ロドリゲスさんです。トニーさんは幼い頃にアブダクション（誘拐）され、以降、「20アンドバック（20&Back）」というプログラムで地球や宇宙で20年間にわたり奴隷兵士としての壮絶な体験をされた方です。トニーさん、こんにちは。今日はインタビューに快く応じてくださってありがとうございます。あなたの本『Ceres Colony Cavalier*』を手に入れたのはずいぶん前になりますが、夜も眠れないほど夢中で読んだのを覚えています。

トニー　こんにちは、美代子さん。はじめまして。今日はよろしくお願いいたします。私の本を読んでくださったのですね。はい、私の数奇な運命を書いた本は、あまりにも奇想天外な内容であることから、皆さんには夢中になって読んでいただいているようです。

美代子　そうですよね！　本からは、まだ幼い 10 歳の少年だったトニーさんの気持ちがストレートに伝わってきましたよ。

トニー　ありがとうございます。おかげさまで大きな反響をいただいたことで、今、2 冊目を書いており、今後、3 部作のシリーズ本になる予定です。

美代子　それは楽しみです！　トニーさん、とにかくあな

＊ Ceres Colony Cavalier

トニーの奴隷兵士としての体験を綴った著書、『Ceres Colony Cavalier』。タイトルにもある「セレス」は、火星と木星の間の小惑星帯に位置する小さな準惑星のこと。

たの体験はとてもユニークかつ衝撃的なのですが、最初に生い立ちを含めて、ご自身について自己紹介を兼ねて、簡単にお話しいただいてもよろしいでしょうか。

トニー　はい、わかりました。まず、私はアメリカ人で1972年生まれ。現在、50歳です。私の一家はミシガン州の農家に住んでいて、私も人生のほとんどをミシガン州の南部で過ごしてきました。ご存じのように、私は子どもの頃に異星人にアブダクションされた後、月や火星、準惑星セレスなどで奴隷としてプログラムからプログラムへと移動させられる人生を送ってきました。いわゆる、「秘密宇宙プログラム」によって20年間も人生を拘束されたのです。けれども、最も驚くべきことは、20年後に、20年前に拉致された同じ日の夜に元に戻されたのです。その翌朝、私は完全に困惑して、わけがわからなくなりました。

美代子　信じられないお話ですね。それはいつ頃のことですか？

トニー　確か、1982年4月7日のことだったと覚えています。私は当時小学4年生で10歳でした。その後20年間、

地球を離れて宇宙で30歳まで過ごしたことになるはずですが、また10歳の自分に戻されたのです。

美代子　驚きますね！　拉致されてから20年間も過ぎていたのに、また、1982年の10歳の少年に戻されたというのは、タイムトラベルのテクノロジーを使われたということでしょうか？

トニー　はい、そうだと思います。

アブダクションのきっかけは クラスメイト

美代子　すごいですね！　ちなみに、そもそもトニーさんが誘拐された理由はクラスメイトの親がイルミナティのメンバーだったから、というのは本当ですか？

トニー　はい。そうです。私とそのクラスメイトは同じ学

校の成績優秀者の生徒のプログラムに参加していたのです
が、私とその彼はどちらかというと仲が悪く、実際にお互
いに好意は持っていなかったと思います。そんな彼がある
日、授業で隣の席になった時に私に話しかけてきました。
「僕の父親はイルミナティなんだけど、君のお父さんは何
の仕事をしているの？」と見下した態度で聞いてきたので
す。その時は、当時の私には彼の言っていることの意味が
よくわかりませんでした。そして、それからしばらくした
ある日、彼の父親が学校の催し物の「科学博覧会」の審査
員としてやってきていたのですが、そのクラスメイトが
「あの子だよ。僕がいつも話しているのは！」と私のこと
を指して父親に告げているのに気づいたのです。その日は
確か水曜日でしたが、その翌日の木曜日の深夜にそれは起
きたのです。

　突然、自宅の固定電話がけたたましく鳴りはじめました。電話は留守電にしていなかったので、そのまま永遠に
鳴り続けるのですが一旦止まると、また5分くらいすると
再び鳴りはじめるのです。それが何度も繰り返されたので
す。その時の私は、電話に出たくてもなぜだか眠くて起き
上がれない状態で、たとえるなら、なんだか静電気に包ま

れているような感覚がしていました。すると突然、砕けるような音がしたと思ったら、気が付くと自宅の私の部屋に1人のグレイと背の低い爬虫類のような3人が入って来て、あっと言う間に私を寝室から窓の外に連れ去り拉致したのです。拉致される瞬間は、"移動する"というよりは、自分が非物質化されているような感覚でした。

美代子　なんということ！　それにしても、そのクラスメイトが父親に告げて1日も経たないうちに拉致までされたというのは恐ろしいですね。そのイルミナティの父親は、人間の姿をしていた異星人かもしれないし、その彼がグレイやレプティリアンと強いつながりがあったという証拠になりますね。

トニー　はい、その通りです。彼の父親は闇側の秘密宇宙プログラムにつながりがあったのです。

美代子　そんなに簡単にアブダクションが起きてしまうのですね。許せないです。拉致されたその日、トニーさんはそこから、どこに連れて行かれたのですか？

ミシガンの田舎の農場にあるトニーの自宅に
深夜、突然やってきたUFO。
この日拉致されたトニーはそこから20年にわたって
想像を絶する人生を送ることになる。

レプティリアンからの
巧みな説得

トニー　はい。まず、意識が戻ると、私は自分が石ででき
た壁に囲まれた丸い部屋の中にいるのに気づきました。そ
の部屋のドアも丸く、部屋の中では何かの存在が歩き回っ
ているのもわかりました。その場所がどこなのかは見当が
つきませんでしたが、私はなぜか素っ裸にされていたので
恥ずかしかったのを覚えています。とはいえ、どこか子
ども心でちょっとワクワクしている感覚もあったのです。
「ついに人類と地球外生命体のコンタクトが実現した！」
「地球外生命体は存在していた！」「それをこの僕が世界に
発表できる！」みたいな感覚でしょうか。部屋の中には、
3人の小柄なグレイ、そして、自宅の部屋に来たレプティ
リアンがいました。彼らは私の背中のあたりで何かを行っ
ているようでしたが、自分からは見ることができません。
それよりも、異星人のことを知りたいという好奇心が湧い
てきて、部屋にいるレプティリアンとテレパシーでいろい
ろなことを会話してみたのです。すると、レプティリアン
は意外にも感じがよくて友好的でした。

一方で、グレイは冷たいロボットみたいな感じで違和感がありました。どうやらグレイは私の身体で遺伝子テストを行っていたようで、検査の結果、私の遺伝子は使えると言っていました。そして続けて、「もう１つ大事なことがある。あなたの許可が必要です」と私に告げてきたのです。そこで私が、「何の許可なのですか？」と尋ねると、彼らは「今から、あなたの意識を20年間ほど借りるつもりだ」と言ったのです。私はさすがに驚いて、「そんなに長い間は無理です。父や母、姉の所に戻らないといけませんから！」と拒否しました。するとレプティリアンは、「いえいえ、終わればもとの場所に戻れますよ。数分間いなくなるだけだから。明日の朝、起きたら、家族にすべてを話せますよ」と言うのです。さらにそのレプティリアンは、「それにあなたは、きっと何も覚えていないだろうし、今から20年間も他の人より長い人生を送ることになるので、幸運なことなのですよ！」と上手に説得をしてきたのです。私は憧れていた異星人とのコンタクトが実現したことと、なんだか自分が“地球代表”になったような気分になり、うれしさもあったことで承諾してしまいました。

美代子　可愛いですね（笑）。まさに 10 歳の少年という感じですね！

トニー　はい（笑）。その時はまだ、自分の置かれた状況がどのようなものなのかなど、まったくわかっていませんでしたからね……。

美代子　そうですよね。まだその年頃だと、言われることを素直に信じてしまいますね。

トニー　はい、そうなのです。その後、彼らは私を手術台に寝かせて身体の上にシーツを全身に被せてきました。そして、顔の目と口の場所だけシーツに穴を切り抜いて開けると、金色の針がついている大きなロボットアームを私の目に近づけてきたかと思うと、アームの先端についている針を利き目の涙管に刺したのです。その瞬間、地獄のような激痛が目に走りました。するとその途端にたくさんの星々が見えてきて、身体から自分自身の意識が宇宙に吸い出されていくような感覚に襲われました。次に目が覚めた時、今度は 1950 年代のような古い雰囲気の病院のベッドに寝かされているのに気づきました。病院の部屋には他に

もベッドが並んでいて、私と同じ年頃の子どもたちが寝ていましたが、1人だけ女の子がいた以外はすべて男の子でした。その時は、とにかくひどい気分になっていて完全に記憶喪失状態で、自分が誰でありどこから来たのか、家族は誰なのかなど、その日以前のことはまったく何も覚えていないのです。さらには、言葉を話すこともできず、会話をすることを覚えるのに数日間もかかりました。その場所にいた医師と看護師に「君は、どうやってここに来たか覚えている？」と聞かれたので、私は「いいえ」と答えると、彼らは「それは君がクローンだからだよ」と言うのです。その時の私は、クローンとは何を意味するのかも、まだわかりませんでした。

マインドコントロールがはじまる

美代子　まあ、ひどい！　その後、その病院で何が起きたのですか？

トニー　その翌日、私と他の子どもたちは空港に連れて行かれ、飛行機でどこかに連れていかれたのですが、窓側の席ではなかったので、やはり外の様子はわかりません。飛行機は倉庫のような場所に到着すると、そこには大きな金属の檻が重ねて置かれていました。3フィート（約90センチ）×5フィート（約152センチ）くらいの檻で、各檻に1人ずつ入ることになりました。檻は立つことができないサイズだったので、私は四つん這いになって檻の中に入りました。檻の床は木の板でできていて中には何もなく、私たちは皆、下着姿にされていました。全員が檻に入り終わると、その場にいた男性が「今から電気ショックを与えて、君たちがどれだけ我慢できるか時間を測るからね。死ぬようなことはないので、電気ショックに耐えるように！」と言い放つと強い電流を檻に流してきたのですが、それは相当長い時間続いたように思えました。子どもたちはバタバタと倒れていき、私も同じようにそこから意識を失いました。こうして、電気ショックで倒れた時から、私の子どもらしさは一切、なくなってしまったのです。その時から、死というものも意識しました。

大きな倉庫のような場所に着くと、
子どもたちは1人ずつ檻に入らされ
電流を流されたという。

美代子　まあ、なんということ！　檻に入れられたら電流を流される話は聞いていましたが、それを実際に体験されたのですね⁉

トニー　はい。そこからは、トラウマを利用したマインドコントロールプログラムがはじまりました。次の段階では、各人に椅子とヘルメットが与えられました。椅子に座ると足が地面につかない高さにされて、身体を椅子に縛り付けられました。また、ドラッグも飲まされていました。ヘルメットには電極が仕込まれていて、電気ショックが与えられるのです。顔の目の部分は、ある器具によって目が閉じられないようにされていましたが、2週間もすると慣れてきて目は開けていられるようになりました。そこでは、連日のように映画を見せられるのですが、サブリミナルなメッセージの入った戦争や動物虐待のシーンが混じったものばかりでした。1日のスケジュールとしては、昼に短いランチとトイレ休憩がある以外は、ずっとそのような映画を見せられていました。彼らが行う実験の内容は、映画のシーンと同期させて、ヘルメットの電極に衝撃を与えては止めて、また衝撃を与えるというものです。電流が流されると身体全体を電気が貫通するのを感じました。

そして、その日のプログラムが終わると医師が「どう感じたか？」ということを毎日丁寧に聞いてくるのです。そこでは残酷なことをされていた私たちなのですが、その穏やかで親切そうな医師のことを子どもたちは皆、信頼していたと思います。しかし、ある時、こんなことも起きました。ある日、子どもたちは椅子に縛られている状態で医師が長い時間戻ってこないのでトイレに行くことができず、ついに我慢ができずにその場でそそうをしてしまったのです。すると、戻ってきた医師が叫び声を上げました。そして驚くことに、床にこぼれてしまった尿をその本人に舐めさせたのです。私は身体が震えてきて、どうしてもそれはできませんでした。こんなふうに連日のように、マインドコントロールは続きましたが、ある日医師が、1人だけいた女の子をレイプしていたのを目撃したのです。女の子が泣き続けると医師はその子に殴打を繰り返し、ついに彼女は気絶してしまいました。その女の子は、おそらく私と同じ10歳くらいの子だったと思います。

美代子　本当に、聞けば聞くほど残酷すぎて……。10歳前後の子どもたちには許し難い行為ですね。ちなみに、そ

の施設にはグレイやレプティリアンはいなかったのですか？

トニー　はい、いませんでした。そこにいたのは兵士や医者など人間だけでした。ある日のプログラムは、氷水の入った大きな桶に入れられ、震え出すまでそこにいなければならず、そうすればベッドに戻れるのです。しかし、ある段階を経たら、今度は睡眠を妨害するというプログラムを開始しました。夜になってベッドに寝ていると、15分おきに大きなベルが鳴り響き、私たちは目を覚ましベッドの端に立たされました。そして、あたりのライトがすべて点灯すると、彼らがやってきて私たちの顔をバンバン叩くのです。15分おきにそれが行われるのです。睡眠が遮断されはじめると、だんだんと時間の感覚がなくなっていくのです。さらに、日中は眠れないように薬を飲まされていました。睡眠不足は本当にきつかったです……。

月の秘密基地へ

美代子　いわゆる、あの恐ろしい「MKウルトラ*」のプログラムを体験されたのですね。

トニー　はい。やがて私たちは、どんな環境下にいても電気的ショックを受けると、即座にしていることをやめて、条件反射的に彼らの命令に従うという異常行動をとるようになりました。今でも瞬間的にそのような感覚になることもあります。ですので、何かその当時の影響があるといけないので、今、私は自宅に銃は置いていません。さて、プログラムの話の続きですが、このような実験もありました。私たちはそれぞれテント型の簡易ベッドに入り、脳波測定器を頭と指につながれました。そして、彼らはテントの中の酸素を除去したり、不活性ガスに置き換えたりすることで、私たちが窒息するように仕向けてくるのです。実際に息ができなくなり気を失うとベルが鳴り、再び酸素が

＊ MKウルトラ

CIAの科学技術本部が、タビストック人間関係研究所と極秘裏に実施していた人間の洗脳実験のコードネームで1950年代からスタートしていた。

テントの中に入ってきます。そして目が覚めると、1分間だけ呼吸ができるようになり、また同じことが繰り返されるのです。私たちは革ひもでベッドに縛られていて、動くことさえできませんでした。この時には、魂が身体から抜ける臨死体験のような、体外離脱をする体験をしました。その時は、あの世のような次元に行くたびに、こちらの世界に戻りたくないと恐怖を感じていました。実はこの時、体外離脱中に遠隔透視をさせられていたのです。

美代子　なるほど。それは超能力者になるためのプログラムだったのですね!?

トニー　はい。私はこのプログラムに合格して、以降は超能力者としての道を歩むことになったのです。

美代子　そうですか。ではその後は、どのようなプロセスをたどることになったのですか？

トニー　まず数カ月後に、月の基地に連れていかれました。乗せられたのは、「TR-3B（軍が開発したUFO型の戦闘機）」のような垂直に離着陸する巨大な灰色の三角形の

乗り物で、子どもたち12人くらいと数百人の大人たちで出発しました。大人のほとんどは空軍の軍人たちで、一般人も少しいました。機内は一般の飛行機と同じような座席が並んでいました。

美代子　月へ行かれたのですね。月へはどれくらいの時間で到着したのですか？

トニー　たぶん、3〜4時間くらいのフライトだったと思います。途中でうとうとしていたので正確ではありませんけど。月に近づくと機内の壁が透明になり外にある灰色の月が見えてきて、パイロットが「右に基地が見えます」などとアナウンスしていました。その後、15分くらいすると、再びパイロットが「左に基地があり、そこに着陸します」と告げていました。

美代子　数時間で到着されたのですね。そこから、トニーさんは月の秘密基地では何をされたのですか？

トニー　到着して数日間は、グレイからサイキックになるためのいくつかの手術や検査を受けることになりまし

た。実は、私はその時のことはあまりよく覚えていないのです。たぶん、その時期は意識が朦朧(もうろう)としていた時間が多かったからだと思います。その後、地球のカリフォルニアの基地に戻りました。そこで医師から、私たちはこれからそれぞれが違うところで任務に就くことを告げられました。私はと言うと、そこから地下の「マグレブ（磁気浮上鉄道・リニアモーターカー）」のような高速鉄道に乗ってロサンゼルスからモンタナ州まで行きました。その地下鉄道は、時速900マイル（約1450キロメートル）以上だったと思います。そこからはある女性の車で1泊しながらワシントン州のシアトルまで行き、近くの島にボートで連れて行かれて、ある一軒家に到着しました。

シアトルで目撃した
エリートの悪魔儀式

トニー　そこに着くと、最初はその家の犬小屋に閉じ込められました。1日中1人だけで過ごし、1回だけその女性

© Science Photo Library

トニーは月の秘密基地に連れて行かれた後、サイキックになるための手術や検査を受けることに。 （下の画像はマイケル博士提供）

がサンドイッチを持ってやってくると、トイレにいかせて
くれるだけでした。しばらくは誰もいなくて静かな日々
だったのですが、ある日、他の子どもたちの声がしまし
た。ずっと1人きりだった私は、「彼らに会えるかもしれ
ない！」とちょっと興奮したのを覚えています。すると1
人の年配の女性が来て、私を犬小屋から出すとシャワーを
浴びさせてくれ、新しいパジャマをくれました。その家に
は、私のような状況で連れてこられた1人の男の子と女の
子がいました。男の子の方は見覚えがなかったのですが、
女の子の方は一緒にマインドコントロールプログラムを受
けたブロンドの少女でした。この2人は私と同じようにパ
ジャマを着ていて、やはり私同様に精神的に壊れていたと
思います。私たちは静脈点滴をされることになりました。

　そこからは、異常な恐ろしい光景を目にすることになり
ました。その家にいた大人の女性が衣服をすべて脱いで、
全裸になると顔にマスクをつけました。不思議なことにそ
れは動物のマスクでした。そして、私も居間に連れて行か
れたのですが、その部屋では、全裸の男性がヤギのマスク
をつけていました。部屋には祭壇があり、そこには1人の
死んだ男の子が横たわっていました。その少年は私くらい

の年齢でした。彼のなきがらの胸腔は開かれていて、近く
に火を燃やすバーナーと数冊の本があり、フライパンもあ
りました。私はその子が殺されたことに気づいて気が動転
するとショック状態に陥りました。すると彼らは、なんと
この私にその少年の肉を食べて、血も飲むようにと命令す
るのです。私が必死で拒絶すると、「この子の仲間入りを
するのかい？」と脅してきました。つまり、お前も死んで
もいいのか、ということなのです。その後、全裸の男性
は、彼らが信奉する「バフォメット（ヤギの頭を持った悪
魔）」か何かに自分にパワーと知恵を与えてくれるように
祈りを捧げていました。そこから私たちは再び点滴静脈注
射をされてしまい、ついに私は意識を失ってしまいまし
た。そこでの滞在期間中は、サイキックになるためにいろ
いろなことをされました。約２週間はその場所にいたと思
います。その後、私を含む３人の子どもたちは別々の場所
に移動させられることになりました。

美代子　本当に恐ろしい思いをされましたね。私も子ども
の生贄については自著（『世界の衝撃的な真実 闇側の狂気』
や『Truth Seekers II』）） で暴露してきましたが、普通の
人はこのような話を聞いても信じられないでしょうね。そ

れにしてもトニーさんは、シアトル近くの島で政治家など
の超エリートの儀式の場をその目で目撃されたのですね！
そこから3人の子どもたちは各々別の場所に行くことに
なったとのことですが、トニーさんはどこへ行かれたので
すか？

ペルーで初めて
人の温かさに触れる

トニー　はい、その後、私はペルーへ行きました。1983
年1月にダラスからペルーまでプライベートジェットで連
れて行かれました。ペルーでは、コロンビアへの秘密麻薬
取引のための遠隔透視などを行うサイキックとして強制的
に働かされたのです。

美代子　そんな任務にも就かされたのですね。でも、ペ
ルーでは親切な人との出会いもあったと聞いていますが。

トニー　はい、とにかくそれまでずっと恐ろしい体験ばかりの日々でしたが、ペルーでは人の心の温かさに初めて触れることができました。

美代子　トニーさんのことを心配して、遠くから食料を密かに届けてくれた年配の女性の存在ですね。本の中に、そのようなエピソードがありましたね。

トニー　はい、その方は祖母のような存在で、私の面倒をよく見てくれた心優しき女性でした。この時、初めて愛にあふれた生き方があることを知ったのです。拉致されて以降の私は、ずっと愛や友情に飢えていたので、この時期の体験はその後の心の支えとなりましたね。こんなふうに、ペルーでの日々の後半はいい思い出もたくさんありました。でも、すでに当時はドラッグ漬けにされてしまったせいか、最後の頃はサイキック能力が低下してしまっていたので、1985年にはペルーを去らなくてはならなくなったのです。

美代子　そうでしたか。ペルーから次はどこに行かれたのですか？

トニー　私の身柄はエリートに所有されていたので、ペルーからまたシアトル近くの同じ島の同じ家に戻ることになりました。その時、私はすでに13歳になっていたこともあり、そこから数年間は、エリートのための性的奴隷として強制的に働かされることになりました。他にも同年齢の子どもたちがいて、政治的なパーティーなどで売られることもありました。

美代子　性奴隷については、故ジェフリー・エプスタインによる"エプスタイン島"の事件＊やピザゲート事件＊、それにジミー・サビル事件＊などでも知られているように、エリートたちの「小児性愛（ペドフィリア）」や児童買春の事実なども世の中に少しずつ暴露されはじめていますね。でも、実際に自ら犠牲者となりその時の体験を証言している人はまだ少ないので、トニーさんの詳細な報告は非常に貴重だと思います。

　私もかつて、アイオワ州のジョニー・ゴッシュという12歳の少年が行方不明になった事件を追いかけていたことがあります。ジョニーは毎朝、新聞配達をしていので

すが、ある日、朝6時頃に自宅から数ブロック先の地点で誘拐されてしまったのです。その当時、目撃者もいたのに地元の警察もFBIも被害者の母親の味方にならずに、家出事件として扱われてしまいました。その後、ジョニーは15年後に成人した姿で、見知らぬある男性と一緒に自宅の母親の元を一度だけ訪れました。けれども、ジョニーは自身の身は危険にさらされていると言い残して、また姿を消してしまったのです。このジョニーのケースも、やは

＊エプスタイン島事件

実業家・投資家だった故ジェフリー・エプスタインがカリブ海のヴァージン諸島に所有していた「リトル・セント・ジェームズ島」において、レイプなどを含む性的搾取や未成年の人身取引が行われていたというもの。エプスタインは児童買春で有罪判決後に謎の死を遂げる。

＊ピザゲート事件

2016年の大統領選の期間中に広まった噂でヒラリー・クリントン陣営の関係者が人身売買や児童の性的虐待に関与していたという疑惑。ホワイトハウスに出入りしていたピザ屋「コメットピンポン」を通じて人身売買や児童の性的虐待が行われていたという。

＊ジミー・サビル事件

イギリスのテレビ司会者、DJ、慈善活動家で音楽番組や子ども向け番組の司会者として知られていたが、彼の死後に未成年者への強姦や性的虐待を繰り返していたことが発覚する。被害者は10歳未満の児童を含む男女200人以上に及んだといわれている。

り、エリートによる性的奴隷のネットワークに巻き込まれていたようです。本当に1日もはやく、エリートのための性的奴隷や小児性愛の真実が暴露されて、加害者たちが厳しく処罰されることを祈るばかりです。何しろ加害者たちは王室や貴族、政治家など超エリートたちなのですからね。

　さて、少し話題が逸れたのでお話を戻しましょう。そうするとトニーさんは、一度は月へ行ったものの、基本的には10歳から16歳までは地球で強制的に働かされたことになりますが、そこからいよいよ宇宙へ旅立ったということになりますか？

月での危険な 戦闘訓練への参加

トニー　はい、そうです。16歳になるとこれまで飲まされた薬のせいでアレルギーになり、性的奴隷ができなく

なったことで、私は軍隊に売られてしまいました。そのような訳で、また気がつくと宇宙船に乗っていたのです。宇宙船には 16 から 17 歳くらいの十代の少年たちと軍服を着た大人たちが大勢いました。その時、隣の席に座った空軍の軍人とおぼしき人と会話をしたのを覚えています。座席にあった航空機メーカーの「ダグラス」という会社のロゴの話になり、その軍人は「このロゴはもう時代遅れで、今では"マクダネル・ダグラス"になったのに、まだ古い社名のロゴをそのまま使っている。これがどういうことを意味しているかわかるかね？」と聞かれました。私が頭を横に振ると、彼は持っていた書類を探し出すと新しいロゴを見せてくれたので、私は「つまり、この航空機は私が生まれる遥か前から月に飛んでいたという意味ですか？」と答えると、軍人は満足した顔で、「そうだよ。我々は月にずっと昔から行っていたということだよ」と言ったのです。先ほどもお伝えしたとおり、宇宙船の壁は透明になる機能があるので、壁が透明になっている際に宇宙の景色が見られるのですが、私はその時は外を見るタイミングを逃してしまっていました。でも、着陸の寸前に月の基地の台形の建物は見ることができました。私たちはその隣の格納庫に着陸したのですが、機内から外は真空で空気がな

かったので、全身を宇宙服に包んだ状態で降りていきました。

美代子　月の基地では、何をされたのですか？

トニー　月の基地に着くと、トールホワイト（背の高いグレイ系の種族）から数時間にわたって拷問と呼べるほど苦しい手術を受けることになりました。それは、まったく人権を無視したような行為でした。その後、そこでは私を含む12人の若者たちが3カ月くらい洗脳されながら戦闘訓練や「自殺ミッション」と呼ばれる訓練を繰り返し受

トニーは月の基地でトールホワイトから拷問とも呼べるような手術を受けたという。

（画像はマイケル博士提供）

け、ドラッグも投与されました。戦闘訓練とは、危険な相手に遭遇しても逃げるのではなく戦うように反応する訓練です。要するに、絶望的な状況に追い込まれても、自分の命を犠牲にして戦うように訓練させられるのです。こうして、最低限の訓練と装備を身に着けた状態で、各々の人員が戦場で役に立つかどうかをテストされることになったのです。

美代子　今の私たちの社会を見渡しても、世界では自爆テロや銃の乱射事件などのニュースが絶えませんよね。これらを引き起こす凶悪なテロリストやシリアルキラー（連続殺人犯）などになってしまうマインドを解明しようとするなら、マインドコントロールされたトニーさんの体験が書かれた本を読めば理解できるようになると思うのですが……。

トニー　それは言えますね。本来なら、普通の精神状態の人のみが暮らす社会なら、銃乱射事件や殺傷事件などは到底起こり得ないはずなのです。精神的に病んでいる人ですらそこまではできないので、猟奇的な事件などは闇側が仕掛けたものだと言えるでしょう。

美代子　事件に巻き込まれる被害者は当然かわいそうです
が、ある意味において、加害者も気の毒ですね。なぜな
ら、彼らもマインドコントロールされているということな
ので。闇側はマインドコントロールを巧みに使っています
よね。

トニー　はい、その通りですね。でも、今では一般の人々
もマインドコントロールされていますからね。テレビをつ
けてチャンネルを回すと、数分以内に誰かが殺されるのを
見ることになります。そして、それらを見続けていると、
自分は無力だと感じてしまうのです。

美代子　わかります。それにテレビは集中して画面を見て
いなくても、部屋でテレビがついているだけで潜在意識に
入ってきますからね。新型コロナの騒動以降、日本でも
マスコミに煽られて今でも9割の人がマスクをしています
し、未だに危険なワクチンを接種する人がいます。悲しい
けれども、日本人も見事に洗脳されていますよ。

トニー　そのようですね。洗脳とは意外にも身近なところ

にあるものなのです。さて、話を月に戻しましょうか。次に、月では私たち10代の少年グループはある大きな体育館みたいなアリーナに閉じ込められて自殺ミッションを試されることになりました。アリーナに巨大なインセクトイド*（昆虫系の種族）が現れたのですが、その姿は本当に怖いものでした。この訓練では手に爆弾を持ってインセクトイドに体当たりしていくように促されたのですが、恐怖心から、私はなるべくその巨大なインセクトイドから遠のきました。しかし、ある少年が爆弾を持って体当たりでぶつかって行ったのです。すると、その少年の身体もインセクトイドもバラバラになってしまいました。すると、その

＊インセクトイド

昆虫を巨大化したようなエイリアンの一種、インセクトイド（昆虫系種族）。人間にとっては見るのもおぞましい姿だったりする。

（画像はトニー提供）

瞬間に閉まっていたドアが開き、医療チームが走って入っ
てくるとその少年を治療し、私たちは部屋に戻れることに
なりました。結果的にその実験は成功したのです。翌日、
その少年は腰の部分が破裂していたにもかかわらず、医療
技術で身体は再生できたようで無事に生き延び、ミッショ
ンに体当たりしていったご褒美として、その彼は以降はよ
り安易なミッションに就くことになったのです。

火星の植民地へ移動

美代子　その少年は助かってよかったですね。しかし、彼
が果敢にミッションに挑戦したことで以降のミッションが
ラクなものになったというのが面白いですね。その実験の
後はどうされたのですか？

トニー　はい。今度は宇宙船で「火星植民地社（Mars
Colony Corporation)」に連れて行かれました。船内の席
には、一緒にプログラムを受けた少年たちが片方側に座っ

ていて、その反対側の座席には少しだけ年上の火星に行ったことがあるような青年たちが20人くらい乗っていました。

美代子　少し年上の青年チームもいたのですね。火星へはどれくらいの時間で着いたのですか？

トニー　15分くらいで火星の軌道に着いたようです。実は、眠らされていたので正確な時間はわからないのですが……。いつものように到着前には船体の壁が透明になり、外には赤い火星が見えてきたので若い兵士たちは興奮していましたね。現地では着陸の許可が降りるまで2時間以上も軌道上で待たされました。やっと火星に着陸できたと思ったら、そこから小さなシャトル機に乗り換えて、危険な前哨基地に連れて行かれました。それも地下基地です。私は、何らかの外科治療を施されていたので火星でも呼吸ができ、着心地のよい環境適応型スーツを身に着けていました。基地では制服を着た海兵隊が待ち受けていて、私たちは施設の中に入りました。基地は地下5階まであり、地下4階と5階には宿泊施設やカフェテリア、管理施設などがあり、3階には病院や宇宙船などの格納庫、武器倉庫な

どがありました。私たちは一番下の階へ案内されました。
実は火星は、水は十分にある惑星でした。

美代子　そうなのですね！　他にはどんな人たちがその基
地にいたのですか？

トニー　基本的にそこにいたのは異星人ではなく、人間の

MARS

火星の地下基地には異星人ではなく人間の兵士や科学者な
ど専門家たちが揃っていたという。

兵士や科学者、司令官などです。合計200人くらい収容できる施設でしたが、その時は50人くらいしかいませんでした。聞くところによると、そこで何か惨事が起きたことが理由で、大勢が別の基地に避難したということでした。カフェテリアは自由に食事を取るビュッフェスタイルでしたが、私たちがお皿に食事をのせて食べようとすると、兵士たちがやってきて、私たちのお皿をわざとひっくり返して床に落とすなどいじめもありました。そして彼らは、落ちたものを食べろと私たちに命令するのです。中には仕方なく命令に従う者もいましたが、私はその食事は捨てることにしました。こんなふうに、基地内では屈辱的なことなどもよく行われていましたね。さて、プログラムの方ですが、現地では到着後数日すると、「ハイキングミッション（戦闘ミッション）」がはじまりました。

知的なマンティス（カマキリ系種族）との出会い

美代子　今度は何と戦うことになったのですか？

トニー　火星の先住民である昆虫系種族のインセクトイドです。そのための訓練を月で受けていたというわけです。「火星植民地企業（Mars Colony Corporation）」の基地をインセクトイドたちから守る軍隊が存在していたのですが、その兵士の活動を維持するための装備は高価なもので、兵士になるにも高度な訓練が必要でした。そこで、私たちみたいに簡単な装備のみで、かつ最低限の訓練を受けた者たちで軍隊を支援できたら彼らには都合がいいのです。それで、私たちが利用されたのです。

美代子　この時、確かトニーさんはマンティス＊（カマキリ系種族）のようなインセクトイドに殺されかけたのですよね？

トニー　はい、そうです。3回目の戦闘ミッションで、何体ものインセクトイドから攻撃されて傷つき、身体から大量に出血する大怪我をしてしまいました。その時は、巨大な存在が身体の上に乗ってきたと思ったら、さらにマンティスのようなインセクトイドがやってきたのです。そこ

で、すでに瀕死の状態だった私はテレパシーで「どうか殺さないでください！　どうか殺さないでください！　死にたくないです！」と必死にお願いしたのです。すると、マンティスのアンテナが私のこめかみ部分に向けられたと思ったその瞬間、そのマンティスとテレパシーでつながったような感覚になりました。

　すると、不思議なことに痛みが消えて夢心地になったのです。マンティスは私のことをスキャンしてチェックして

20 Years a Slave in Secret Space Programs
Ep. 2 - Moon Training & Suicide Missions on Mars

Mt Shasta Interview
with Tony Rodrigues

＊マンティス

カマキリ系の種族の一種、マンティス。トニーが出会ったマンティスは知性が高く、自分の本質を思い出させてくれたという。

（左の画像はトニー提供、右の画像はマイケル博士提供）

いるようで、そのマンティスと自分の人生のビジョンが次々と見えてきたのです。この時、自分の生まれ育った農家の自宅まで見せられたのですが、そのビジョンが何を意味しているのかわからずに途方に暮れた私は、「ここはどこですか？」と聞いたのです。すると、「あなたの家ですよ」と答えが返ってきました。さらに、「これが本当のあなたです。あなたの目的は殺しではなく愛することです。あなたはここにいるべき人ではありません」と教えられたのです。そのマンティスはとても知的でプロフェッショナルな存在であることがわかりました。するとその瞬間、私はふと現実に戻り、また大量に血が流れ出て激痛も戻ってきたのですが、あろうことかそのマンティスや他のインセクトイドたちもその場を立ち去っていったのです。そして、私はなんとか救出されることになり助かったのです。

美代子　そのマンティスはトニーさんの本質を知ったことで、あなたを殺さなかったのですね！

トニー　はい、幸運でした。恐らくそのマンティスは、私が戦うためにその場所に来たのではないことがわかったのだと思います。私は戦うために遺伝子操作されたり、育成

されたりしたわけではなく、たまたま拉致されてそこに
やってきただけなのですから。彼らも私のことが脅威的な
存在ではないと判断したのではないでしょうか。そして、
最終的にその自殺ミッションのプログラムは中止になりま
した。なぜなら、インセクトイドたちは知能が高く、自分
たちよりもずっと柔軟に戦略に適応できることがわかった
からです。

美代子　なるほど。そのインセクトイドたちは知的な存在
ですね。そして、そのような結果になってよかったです
ね。

火星の地下にある大都市 「アリーズ・プライム」へ

トニー　はい、そこから次のミッションになります。イン
セクトイドとの戦いのプログラムから数日後、今度は、私
は火星の「アリーズ・プライム」という大都市の首都に連

れて行かれることになりました。私が選ばれたことで、他の兵士たちが嫉妬していましたが、私はその場所の名前などは聞いたことがないし、その場所が火星なのかも知りませんでした。宇宙船に乗ると30分でその地下都市に到着し、巨大な格納庫に降り立ちました。その場所は地下ですが空気もあり呼吸も普通にできました。周囲には椰子の木々があったり、水も十分にあったりするような整った環境で、そこではさまざまな人たちが暮らしていました。アリーズ・プライムは火星にある華やかな大都会であり、交通のハブでもあったのです。そこは近代的で、見た目も居心地もよい場所でした。色々な種族が住んでいましたが、人間が一番多かったですね。たくさんの言語が話されていました。そこに到着すると、軍人に案内されて、なんと私は個室を与えられることになったのです！　その部屋は設備が整っていました。台所のシンクやタンス、バスルームに心地よいベッドまでありました。部屋のすべてが新品のように完璧でした。その部屋自体も壁が音を吸収するようで静かな環境でした。そこでは“奴隷”というよりは、組織の一員になった気分になりましたね。

美代子　それはよかったです！　これまでのご苦労を思う

と、少しは労われて当然です！

トニー　はい（笑）。それからは、検査やテストの連続でした。何日間もかけて一日中、適性検査やIQテストをしていましたね。そこでは、アメリカ人のアクセントの軍人が毎朝私を迎えに来ましたが、私を管理する責任者はグレイでした。テストの結果、私の適性は船のメンテナンスだと言われて、そこからしばらくそのための訓練を受けましたが、過酷な肉体労働でなかったのでほっとしました。その後、何週間か経った頃、ある朝、通常とは違う服装が用意されていました。そのユニフォームを着て何マイルも建物内を歩かされました。そのうち、中心地のような賑やかなエリアを通ってある駅に到着し、そこからシャトル列車に乗るように言われました。しかし、どこに行くのかまでは教えてもらえません。その列車は快適で席も広く座り心地もよかったです。車内では飲み物も出ました。乗って席が満席になると、列車自体が明らかに浮遊して出発しました。列車は光のトンネルを通りスピードが加速されると、だんだんと方向感覚がなくなり、おかしな感じがしているうちに目的地の駅に到着したのです。きっと、あの光のトンネルはポータルだったのだと思います。

美代子　まあ、その列車はマグレブだったのでしょうか？
今度はどこに連れて行かれたのですか？

ナチスの影響が残る
準惑星セレス

トニー　最初はその場所がどこかはわかりませんでした。
到着後、皆は水を飲んでいて、それから、巨大な格納庫に
行きましたが、その場所が火星とはまったく違う場所であ
ることだけは、わかりました。そこでは私たちは整列するよ
うに命令され、壇上の男性はドイツ語を話していました。
周りを見渡すとその場にいた人数は、500 人はいたと思い
ますが、中には海軍の制服を着た若い兵士たちもいまし
た。その場を仕切っていた高官が私たちに向かって、「君
たちは全員、奴隷である。今から誓いの言葉を言ってもら
う！」と言いました。

美代子　やはり、ドイツ語なのですね！　なんだかまる
で、ナチスみたいですね!?

トニー　はい、そうです。彼らの優生学の考え方などナチ
スのやり方にそっくりでした。その後は床屋に連れて行か
れて丸刈りにされました。その時はよくわからなかった
のですが、かなり後になって、自分はその時はセレスに
いて、私は何千人もいる奴隷の１人になっていたことがわ
かったのです。そこでは皆、首にずっと首輪をつけさせら
れ寝る時も外せませんでした。だから、彼らは私たちがど
こにいるか把握できるし、変なことをすれば電気ショック
が流れる仕組みだったのです。

美代子　まあ！　セレスにそんなに大勢の奴隷がいるので
すね!?　セレスについて教えていただけますか？

トニー　はい。セレスとは、火星と木星の間の小惑星帯に
位置する小さな準惑星のことです。セレスには大気圏がな
いので、すべての施設などは地下に造られていて、地下に
は都市をはじめ洞窟などがあり、それらは地下の列車で結
ばれていました。セレスの植民地では人工的な光を生みだ

していて、彼らは1日を20時間に設定していました。つまり、その人工の明かりがなければ真っ暗な惑星なのです。

美代子　そうなのですね。セレスにはどんな人々がいたのですか？　また、異星人はいましたか？

トニー　セレスは地球と同じように、多くの人間が住んでいました。人口の大部分はもともとセレスにいた先住民だと思います。そこに住んでいる人たちはそこで子どもを産み、子どもたちはそこで成長して、ハイブリッドになった人たちです。基本的に先住民と呼ばれているのは人間であり、ヨーロッパから来たドイツ人がルーツになっています。私がいた頃のセレスの人口は1000万人でした。彼らはもともと、第2次世界大戦後に連れてこられた人たちであり、クローンを創るために誘拐された人も多かったです。セレスにおける公式な言語はドイツ語です。人間以外には2つのヒューマノイドの種族がいて、そのうちの1つは「アルツルアン＊（Altruan）」と呼ばれる種族でした。

美代子　セレスにはそんなに人間が多いのですね！

トニー　はい、セレスの人々は誇りを持っていましたね。それは、ドイツで1600年代に起きた「三十年戦争＊」で異星人に勝利したからだそうです。彼らの主張では、当時ヨーロッパを支配していたのは異星人であり、この戦争において彼らに勝利したというのです。当時の戦いにおいて、自分たちは宇宙船に乗った異星人に対して、馬を用い

ALTRUAN

＊アルツルアン

セレスにいた人間以外のヒューマノイド「アルツルアン」。

（画像はトニー提供）

＊三十年戦争

1618年から1648年にかけてドイツ（神聖ローマ帝国）を舞台として戦われた宗教的・政治的諸戦争。

て勝利したと自慢していました。それが理由なのか、セレスには至る所に馬をモチーフにした肖像や絵画、美術品などがありましたね。

美代子　馬の肖像などがあるのですか？

トニー　はい。セレスにはある巨大な宇宙船の格納庫があり、そこには息を呑むほどの壮大な空間が広がっていました。格納庫の右奥の「エアーロック」と呼ばれる場所には 2000 フィート（約 600 メートル）の宇宙船を簡単に格納できる広さもあり、大理石の階段や回転ドアもありました。私たちのエリアから歩いて格納庫を通ってトレードセンターに行くこともできましたが、そこで宇宙船の修理作業をしている異星人から、「この辺りを歩くな！」と叫ばれて、ある時点から格納庫には行けなくなり、そこを通る代わりに長い退屈なホール（廊下）を歩くことになりました。しかし、そのホールの先には、石の荘厳な支柱が私の滞在中の最後の頃に建設されることになりました。この太陽系のいくつかのコロニーの記念碑を彫刻させるためだけに、ヨーロッパで最高の技術を持つ石の彫刻家数人を 20 年プログラムで拉致してきたそうです。拉致されてきた彫

刻家たちは、セレスで何年間もこれらの彫刻をさせられる
のです。しかし、石の柱から巨大な馬の彫刻が出来上がっ
た作品はあまりにも素晴らしく、完成品が見られないの
が、私としては残念なほどでした。

セレスの巨大な格納庫の中には、石でできた巨大な馬の彫刻
の作品も。地球から拉致されてきた彫刻家たちが作成してい
るという。

（画像はトニー提供）

宇宙船のメンテナンスを担当

美代子　地球から彫刻家たちも拉致されてくるんですね⁉ ちなみに、セレスには奴隷は多いのですか？

トニー　はい。私のような奴隷が4万人はいましたね。

美代子　えっ？　そんなに大勢いるのですか⁉　驚きです！　それにしても、そんなにヒューマノイドが多くてドイツ語が公用語とくれば、地球にいるような錯覚になりませんでしたか？

トニー　はい。現地にはかなりのクローンがいましたが、人間が多いので地球みたいでしたね。

美代子　そうでしょうね。トニーさんはセレスで何をされていたのですか？

トニー　セレスには10年以上奴隷として住んでいました

が、そのうちの８年間は主に船のメンテナンスをしていました。仕事の内容としては、古い潜水艦が宇宙船に改造されていたのですが、古い機体は錆びつき頻繁に故障していたので、その修理やメンテナンスの作業に当たっていました。

美代子　潜水艦が宇宙船に改造されていたのですね。ところで、セレスの街の様子はどんな感じでしたか？

トニー　セレスには大きな洞窟があり水も豊富にありましたが、その水を排出して、洞窟内に大都市を建設していました。現地では、フリーエネルギーのジェネレーターは他の種族からリースしていましたし、人工的な重力もありました。建物で印象的だったのは、洞窟の中にヨーロッパの都市のレプリカがあったことです。

美代子　レプリカとは具体的にどの都市ですか？

トニー　間違っているかもしれませんが、デンマークのコペンハーゲンだったと思います。彼らはその都市を誇りに思っていて、他の惑星と貿易協定を結ぶ際や、外から外交

使節団を招いたときに、その都市を見学させたりしていました。

美代子　へえ！　それは、驚きです。私はコペンハーゲンに住んでいたことがあるので、その話は興味深いです。それに、外交使節団なんていうものがあるのですね！　他には、どんな都市があるのですか？

洞窟の地下の奥深くに眠る遺跡

トニー　それが驚くことに、洞窟内には、はるか古代の遺跡もあったのです。その遺跡は、人類の種の起源になった異星人のシーダーズやアヌンナキが地球へ降り立つ前から存在していたものだと思われます。これについては、コンタクティのアレックス・コリエーさんやエレナ・ダナーンさんも「私たちの太陽系には、このような古代の遺跡がセレスだけでなく他の惑星にも存在している。けれども、そ

れらが何なのかはまだ解明されていない」と話していましたね。

美代子　それはすごい話ですね！

トニー　そうなのです。セレスには宇宙船が出入りする巨大なクレイター（円形の窪んだ地形）が地表にあり、そこから2000フィート（約600メートル）もの長さがある大きな扉を通ると古代の岩でできたエアーロックに到着します。それらは100万年も前のものにもかかわらず、まだ扉として機能していたのです。さて、遺跡についてですが、セレスでマイニング（採掘）作業をしていると、下に水が溜まっている場所があるのでその水を吸い出してみると、そこから遺跡が現れたりしたものです。遺跡によっては、非常に地下深くにあるものもありました。いわゆる普通の街は地上に近く、街と街は列車でつながっているのですが、そういった古代の遺跡は相当深い所まで潜る必要があり、そこへ行くために長い時間もかかりました。通常、セレスを走る列車なら、惑星中のどこへでも30分から40分くらいで行けたものですが、遺跡のある洞窟の階下に行くには、45分から1時間半も垂直に降りるエレベーターで

行かなければなりませんでした。

美代子　つまり、随分と深い地下にあるということですね⁉

トニー　はい、そういうことです。地下へ降りて行く際には途中に幾つもの階があり、各階には台形の石の扉がありました。それも、1つの階に100個くらいの扉があり、階はずっと下へと続いているので、計1000以上の石のドアがあったと思います。そして驚くことに、そのドアは意識を使って開閉できたのです。もともとはそこには小部屋があったのですが、ドイツ人たちがそこをアパートや貯蔵庫に改造していました。不思議なことに、アパートの中にいる人はドアの外に人がいるのがわかり、「開け、ドア！」と言うとドアが開く仕組みになっていました。そのドアは約1メートル近い厚みがあり、重さも何トンもするような重さで横にスライドするドアでした。さらには、人が中へ入った後、その住人が訪問者に出ていってほしければ、その人に頭痛を起こすこともできるのです。そういうテクノロジーや能力が当時はあったそうです。現地では、この遺跡のことは極秘で絶対に人に話してはなりませんでした。

そういう意味において、セレスにはまだこの私の知らない秘密の場所もたくさんあるのではないかと思われます。実は私も、このドアのある場所に深夜遅くにこっそりと見に行ったのでした。ちなみに、ドイツ人が他の種族たちにこのドアの秘密を解明しようと調べてもらったそうですが、誰もその仕組みはわからなかったそうです。

美代子　アヌンナキの時代よりもはるかに太古の遺跡がセレスに存在していたのですね！　しかも、この太陽系の他の惑星にも遺跡があるのですね！　どんな種族が造ったものなのでしょう。その上、巨大な石の扉を意識で開閉できるなんて、すごいですね!?　宇宙は謎だらけですね。

トニー　はい。エレナさんいわく、シーダーズでさえこの謎は解けなかったそうです。もしかしたら、異次元のテクノロジーかもしれないという話にもなりましたね。

美代子　ええっ！　そんなことがあるのですか!?　驚きです。

遺跡へと続く地下へ降りて行く際には途中に幾つも階があり、各階には石の扉があった。1つの階に100個くらいの扉があり、計1000以上の石のドアがあったとのこと。驚くことに、その重く厚い扉は意識を使って開閉できたという。

(画像はトニー提供)

トニーの知り合いがスケッチした洞窟の中に存在していた
古代の遺跡の絵。

（画像はトニー提供）

貨物エンジニアとして
惑星間を飛び交う

美代子　トニーさんは、セレスでは他にはどんなことをされていたのですか？

トニー　他には、さまざまな基地でトレード（貿易取引）をしていたこともあります。

美代子　貿易取引ですか⁉

トニー　はい。最後の２年は昇進もして、貨物エンジニアとして働いたのです。その職務は貿易取引にも関係していましたから。

美代子　そうなのですね。昇進はうれしいですね。貨物にはどのようなアイテムがあるのですか？

トニー　貨物はミサイル、薬、衣服、人員、兵士などありとあらゆるものを貨物として運び、他の種族たちと貿易取

引をしていたのです。取引において、彼らからはテクノロジーを提供してもらうこともありましたが、先進的な種族ほど奴隷制は認めていなかったので、セレスで奴隷を使っていることが相手側にばれないようにしていたし、また、自分たちがどこの基地から来たのかなどはなるべく隠していました。

美代子　そうでしたか。貿易取引ではどこの基地に行かれましたか？

トニー　たとえば、地球のディエゴ・ガルシア島（インド洋中央部にある島で、アメリカとイギリスの軍事基地がある）の基地にも行きましたよ。

美代子　エンジニアとして、地球の基地にも来られていたのですね。でも、最後の数年間は昇進などもされたりして、待遇などもよくなりご苦労も少なくなっていたような感じですね。

トニー　はい、そうですね。昇進して大きな船に乗っていたし、また、お給料も初めてもらえていろいろな場所にも

自由に行くことができていたように思います。ただし、やはり奴隷の服を着ているので、公共の場では屈辱的な体験が続きましたけどね。たとえば、「おい、奴隷！　それを拾え！」とか命令されるのです。

美代子　ひどいですね！

孤独な心を支えた
奇跡のロマンス

美代子　そういえば、最後の頃にロマンティックな出会いがあったと聞いています！

トニー　はい。マリアという女性と出会い恋に落ちました。彼女も奴隷として20年のプログラムで来ていたのですが、ナイトクラブで働いていました。出会った頃、私はすでに19年目で残り7カ月の任務を残すばかりという時期でしたが、彼女はまだ7年しか経っていませんでした。

だからずっと一緒にはいられなかったのですが、それでも短くても最高の時間を彼女と共に過ごすことができました。私みたいに子どもの頃から虐待や拷問の連続の日々の中、何年も孤独で心の支えを失っていた時に恋人ができたことは、私にとって奇跡的なことであり、とても幸せなことでもありました。

美代子　ちなみに、マリアさんはどうして連れてこられたのでしょうか？

トニー　彼女は1993年に拉致されたのですが、私と同じように最初のわずかな期間は地球で過ごしたのは覚えていたのですが、ある日、目を覚ますと自分が誰なのか、何をされたのか、まったくわからなくなってしまったそうです。そこから、あるアパートに閉じ込められて非合法的な組織に売られ、火星に連れて行かれたそうです。火星では、彼女のところに毎日何十人もの男性が訪れて、1日に18時間も性的奴隷になったそうです。中には乱暴な人もいたそうです。その1年後にはセレスに連れてこられ、今度は風俗街のバーで働かされることになったそうです。そこでは乱暴な男性は拒否できたので、以前の暮らしよりは

遥かにマシだと言っていました。彼女は地球がもう破壊されて存在しないと完全に信じこまされていたのです。そこで、私が地球のディエゴ・ガルシア島にも任務で行っていたので、「地球は普通にまだ太陽もあるし、美しい海もあるんだよ！」と教えたのですが、彼女は最初の頃は決して私の言うことを信じませんでした。実は、地球のことをセレスで話すことは厳しく禁じられていたのですが、彼女にはその真実を伝えていたのです。

美代子　マリアさんも大変でしたね。それにしても、セレスにいる人は地球が破壊されたと信じこまされているのですね。とにかく、2人にとってそんな素敵な出会いがあって本当によかった！　でも、ついに20年という期間が終わりに近づいてきても、トニーさんは運命的な出会いに巡り合えたのでそこを去り難くなったのですよね。最後に「これまでの記憶を消す」と言われた時、これまで忘れたいほど悲惨で、かつ地獄のような体験ばかりだったのに、20年の記憶が消されることを頑なに拒んだのですね？

トニー　はい、私の任務の期間は終了し、彼らは私をもとの場所と時間に戻さなければなりませんでしたが、私はま

だ彼女を愛していました。ですから、彼らは私の記憶を消そうとしたのですが、「私は絶対に覚えている！」と何度も断言しました。何がなんとしてでも彼女のことを覚えていたかったのです。記憶を消すオペレーションは月の基地でグレイにより行われました。彼らは私を手術台に乗せて、次々と注射を打ち催眠をかけたり、私に映像を見せたりもしました。そして、脳のスキャンをして記憶の消去が成功したかどうかの確認も行いました。それを何度も繰り返した後、ある手術を行い、私の身体から何かを取り出していました。それが何かはわかりませんでした。そしてその後は、何週間も手術台に寝かされたままにされ、さらにあらゆることをされました。最後には、まるで火葬されているような異常な痛みが全身を貫くと、ついに意識を失いました。目を覚ますと、それまでとは違う手術台の上で10歳の身体に戻っていました。私の周りにはグレイ、トールホワイト、レプティリアンが取り囲んでいました。

任務を終えて
20年前の少年に戻る

美代子　クローンから10歳のオリジナルな自分の身体、つまり少年時代のトニーさんに戻ったのですね⁉

トニー　はい。すると、彼らは質問してきました。「君は今、どこから来たのか覚えているかい？」と。そこで私は「はい、自分のミシガンの家からです」と答えました。その途端に、レプティリアンと1人のグレイが笑い出しました。その瞬間、私のミシガンでの母や姉たちとの人生が蘇ってきたのです。私はまるで真新しい身体にいるような感覚になっていましたが、その時、いつか母が私に話してくれていたことを思い出したのです。母は敬虔なクリスチャンだったので、よく私に神様やイエス・キリストの話をしており、「イエス・キリストを信じなさい。あなたが心からイエスにお願いすれば、彼はきっと助けてくださいますよ」と言っていたのです。それで、私はベッドに座り私の周囲にいる異星人たちを見ながら、「イエス・キリストに誓って、すべてのことを覚えているから！」と叫んだ

のです。すると、タイムマシンのスクリーンを見ていた
トールホワイトが「彼は覚えているよ！」と大きな声を上
げました。急に部屋がシーンと静まり返ると、彼らはあわ
てて管理者に連絡を取っていました。

美代子　すごい！　イエス・キリストにお願いしたら記憶
が消えなかったのですね⁉

トニー　はい。本当にそうなのです。彼らはあわてふため
いていました。そこから、手術室に連れて行かれて、何度
も同じことを繰り返されましたが、何をしても彼らは記憶
を消すことに成功できず、ついに、私はロボトミー（前頭
葉を脳のその他の部分から切り離す手術）をされることに
なってしまったのです。しかし、その前にグレイが私の
登録データを調べたら記録がないというのです。「ロボト
ミーをするには彼の記録が必要だけれど、それがないので
無理だ」というのです。最終的に彼らは、「彼がここに連
れてこられた記録の証拠もないので、たとえ彼が何かを覚
えていたとしても、何ができるわけでもないので、このま
ま彼を帰そう」と言っていました。グレイは、「というこ
とで、今日は君のラッキーデイだね！」と言いました。す

ると私はそのまま昏睡状態になり、気がつくと、地球上の自分の家のベッドの上で朝、目を覚ましたのです。それが1982年の4月でした。

美代子　まあ、それはラッキーでしたね！　でもトニーさんの登録情報がないなんて謎ですけれど……。それで、再び少年のトニーさんに戻ったわけですが、どんな感じでしたか？

トニー　とにかく、最初はショックでした。まさに、少年だった自分が20年間不在だったという感覚です。でも、戻ってきた現実の世界では、外は快晴で涼しく、私はすぐに幸せな気持ちになりました。階下に降りていくと朝食が用意されていて、私は思わず涙を浮かべて母に飛びついて抱きしめました。

　そしていつも通り、姉とバスに乗って学校に行きました。学校では授業中に「トイレに行きたい！」と手をあげると、先生が許可してくれましたが、「トイレはどこですか？」と聞いてしまい、クラスメイトたちに爆笑されました。なぜなら、私は学校内の施設の位置関係などもすっか

り忘れていたからです。でも、戻ってきた現実の世界では、すべてが今までと違って見えました。大人の女性に対する見方も変わりました。なんだか自分のことを恥ずかしいと感じたのですが、でも、そんなふうに湧いてくる自分の感情の原因がよくわかりませんでした。そして私は、もともとは成績優秀者のクラスにいたのですが、その後、5年生の終わりには学校も辞めてしまいました。とにかくひとりになりたかったのです。その上、不幸なことに、家族もバラバラになってしまいました。父親は11歳の自分に「君は私の知っているトニーじゃない。本当のトニーを返してほしい！」と言われてしまい、私と父親の関係もそれ以降、ギクシャクしてしまいました。

すべての記憶がよみがえる

美代子　そうでしたか……。以前の生活に戻れたのはよかったとはいえ、それはそれで大変ですよね。もう昔のトニーさんではないわけだし、家族や周囲の皆は何が起きて

いたのか誰も知らないのですから。

トニー　はい、そうなんです。私は木曜日に拉致され、そこから20年間にも及ぶプログラムに参加させられた後で突然、再び金曜日の朝に地球の現実に戻されたのですから……。ただし、この20年間の体験は、戻ってから33年間は何も思い出せなかったのです。

美代子　そうなのですね。では、記憶が完全に戻ったのはいつですか？

トニー　2015年の4月にすべての記憶がよみがえりました。それは、40代の初めに頭痛が原因でMRIスキャンを受けたことがきっかけです。その後の数週間以内に、20年間のすべてのことが洪水のように戻ってきたのです。

美代子　そこから、これまでの貴重な体験や宇宙の情報を記録に残してこられたのですね。

トニー　はい、そうです。たとえば、2015年には木星に行った時のことを記録に残しました。木星には自分が宇宙

船で行ったことのある基地だけでも2つの基地があったということ。また、自然のポータルも木星にあり、そこから他の銀河系に行くこともできるということ。そのポータルを使って1日のうちに銀河の2、3カ所へ行き、さらに他の銀河の2、3カ所に立ち寄ってその日のうちに木星に戻ってくることも可能です。実は、何十億もの銀河があるのです。基本的に、他の銀河から来る場合には必ず我々の太陽系に立ち寄るので、地球はとても往来が忙しい場所でもあるのです。ですから、地球には多くの遺伝子があり、多くの文明や政治があるのです。

美代子　その話は聞いたことがあります。地球は多くの異星人が立ち寄る場所であると。それに、アレックス・コリエーさんは人類の身体には22の異星人の遺伝子が入っていると言っていますよね。

トニー　はい、そうですね。地球にはグレイ、レプティリアン、プレアデスなど知られている種族だけでなく、何十億もの銀河から何十億もの数多の種族が来ていたのです。

トニーは2人存在していた!?

美代子　なるほど。ここで、ちょっと質問したいのですがよろしいですか。トニーさんは1982年の10歳から20年間、2001年の29歳まで秘密宇宙プログラムに就かれていたわけですよね。1982年の4月に自宅に戻る前に一旦カリフォルニアの病院に戻された時に、2人のトニーが存在したかもしれないですね。

トニー　はい、私ともう1人のトニーが一卵性双生児みたいに存在していたのだと思います。

美代子　というのも、トニーさんは20年間クローンの身体にご自分の意識が入っていたわけですよね。でも、オリジナルなトニーさんの身体はきちんと保存されていて死んではいないので、そこにも多少意識は残っていたのではないかと思うのです。特に、潜在意識はきちんと働いて、ご自身の身体の心臓や細胞などを生かしていたのだと思います。

トニー　はい、そうですね。私が思うに、たとえば、仮に意識というものが5ガロンのバケツに入っているとしましょう。すると、彼らは私をもう1人作ると私の意識の半分である2.5ガロンをクローンに注いで、残りの半分をオリジナルの私の身体に入れたような感じと言えばいいでしょうか。だから、半分ずつになった各々のパフォーマンスは完璧ではなかったと思うのです。というのも、私は拉致される前は、100パーセント完璧な自分だったので優秀な学生であり、学校の成績上位者のトップ5パーセントに入っていて、雑誌の『The Talented』誌にも私のことが紹介されていたくらいだったのです。でも、クローンと意識を分け合ったことで、戻ってきた翌年からは成績優秀者でなくなり、結局、学校も辞めることになりました。だから私はとても感情的になり、混乱して精神的にも不安定になってしまったのです。

美代子　そうでしたか。ということは、1982年から2001年までは、クローンのトニーさんと本物のトニーさんが同時に存在していたということになるという考えもできますか？　そうなると、自分のクローンにバッタリ会う可能性

もゼロではなかったということですね。

新しい人生がはじまるのは
戻ってから 20 年後

トニー　はい、そうとも言えますね。なぜかと言うと、2001 年のある日、目が覚めたら、なぜだか、自分に言い聞かせたくなったのです。「もう終わったんだ！　もう終わったんだ！」と。この言葉を朝から何度も言い続け、そして部屋を掃除すると、とてもすがすがしい気持ちになりました。その日から 6 カ月で私の人生は完全に変わったのです。それまでずっと酩酊していたような酔いがすっきり醒め、意識もはっきりとして、健康になった感じがしたのです。それはちょうど、プログラムにおけるクローンの生活が終わった 2001 年だったのです。つまり、この時点でやっと私自身が統合されたのです。

美代子　そういうことですね。その当時は、まだ完全には

20年間の記憶は戻っていないものの、そのように感じたのですね。それは、なんとも生まれ変わったような爽快な気分でしたでしょうね！

トニー　はい、おっしゃる通りですね。今、私のように20年間の拉致を体験した人たちが大勢私のもとに相談にきています。そんなとき、私は彼らに質問をします。というのも、異星人と接触していた最初の15分から1時間は、その記憶が削除されない傾向があるからです。けれども、その後のことは覚えていないのです。ですから、たとえば、拉致された人に拉致された時期を聞いた場合、「1990年」と答えが返って来たら、次に私は「では、2010年には何か起きましたか？」と20年後のことを聞くことにしています。すると彼らは、「それは私が仕事を辞めて配偶者と離婚し、国を越えて引っ越した時です」などと答えるのです。このように、20年という節目において、彼らの人生が大きく変わっていることがわかりました。私自身も同様の経験をしたので、20年後に新しい人生がはじまる、というのがこのようなプログラムに参加している人たちの主な傾向なのだと思います。

美代子　なるほど。今後、トニーさんへの相談はますます増えてくるでしょうね。お役目が大きいと思います。

トニー　そうかもしれませんね。記憶に関しては、私も子どもの頃、ティーンエイジャー、ヤングアダルト、さらに大人になってからの記憶がありますが、それぞれの世代で断片的な記憶しかなかったのです。けれども、やっと残りの記憶がよみがえりはじめると、記憶のカケラが融合して今はすべての記憶が戻ってきました。今、多くの人が私と同じような思いをしています。でも、意味のわからない記憶の断片を持っている人が、私や他の人のインタビューなどを見て自分の記憶を呼び起こし、記憶の点と点を結びはじめています。とはいえ、記憶を取り戻す作業を行うときには、誰に相談すればいいのかなども難しいのです。普通の心理カウンセラーのところに行くわけにもいかず、家族にも理解されずに、結果的に薬漬けになってしまったりする。だから、みんな私に頼ってくるのです。

美代子　つまり、戻ってきてからのリハビリ的なケアが必要ということですね。ところで、トニーさんは20年の期間中に出会った人と地球上に戻ってきてから実際にお会い

した人はいますか？

トニー　はい、今のところ６人に会いました。彼らは私の本やインタビューを見て連絡してきた人たちです。

美代子　そうですか！　それはすごいですね。そのうち、セレスで出会った愛する女性とも再会できるといいですね！

トニー　はい。こういうプログラムで絆を深めた人は、私のように、その時の記憶を忘れたくないと思っている人が多いのです。だから、地球に戻ってきても再会する確率がなぜか高いと聞いています。

美代子　そうなのですね。自分たちの体験を理解し合えるかけがえのない人たちですものね。本当にここ数年の間に、トニーさんやジャン（ジャン・シャールズ）さん、デイビッド（デイビッド・ルッソー）さん、エレナ（エレナ・ダナーン）さん、クリス（クリス・オ・コナーズ）さんなど多くの信頼できる人たちが登場してきましたね。そして各々ご自身が体験した宇宙プログラムや銀河連合の情

報などを語られるようになりました。私はジャンさんを3回インタビューしていますが、彼はソラリス号キャプテンとして、セレスであなたを救出した記憶があると話されていました。これもすごいご縁だと思ったのですが、ジャンさんとのことを話していただけますか？

子ども時代にジャンと 農場で出会っていた

トニー　はい、ジャンとはそれまではZOOMだけで話していましたが、フロリダのコンベンション後のディナーで直接ジャンと会うことができました。彼がテレポーテーションで持ちかえった赤い水の話をした時に、私の記憶がよみがえったのです。その1週間後にまた話をする機会があったのですが、私は彼に向かって「チャーリー」と言いました。すると、彼から「どうして知っているの！」って言われたのです。実は彼は子どもの頃、自分のことを"チャーリー"と名乗っていたのですが、そのことは他の

誰も知らないことでした。

美代子　そうなのですね。ちなみに、ジャンさん＝チャーリーはあなたの農場にもいらしたのですよね？

トニー　はい、そうです。実は子どもの頃に彼と友達だったのです。子どもの頃のある日、私の実家の農場にストレートヘアで痩せっぽちの彼がやってきたのですが、彼は数週間の間に3、4回私に会いにきました。その時に、彼は「アンタレス（ANTARES）」という惑星からテレポーテーションで持ち帰ったという赤い水を見せてくれたのです。けれどもその後、突然彼はうちに来なくなり、彼のことを恋しく思っていたのです。子どもの頃、私の実家はかなり広い敷地がある大きな農家で、隣の家までも遠いので遊べる友達がいなかったのです。だから母にも、「今晩もあのお友達が来てくれたらいいな」などとつぶやいていたこともあったのです。私の方からも彼がやってきていた場所に行ってみることにしました。すると、そこには大きなビームが点滅する白い光のトンネルがあり、そこを行ったり来たりすることでジャンに会えたのです。その時の話をジャンに再会した際に話したら、「なんてことだ！　それ

こそ、まさにソラリス号のテクノロジーだよ」と驚かれました。つまり、私はその技術を使って子どもの頃に彼と数回会っていたのです。

美代子　ということは、トニーさんもソラリス号に乗られたということですね⁉

トニー　ソラリス号の宇宙船に乗った記憶は今のところないですね。しかし、そのテクノロジーを使ってテレポーテーションしていたのは確かなようです。子どもの頃は、そのトンネルに入るとどこかに閉じ込められるんじゃないかと思い、怖くなって部屋に戻ると、彼が部屋に来てくれていたこともありました。

美代子　そうなのですね。ジャンさんとの再会を果たしたフロリダのカンファレンスは、トニーさんにとっても非常に大きな意味がありましたね。

トニー　はい、そうです。あれ以来、私の人生は180度変わりました。

子ども時代のトニーは、
幼い頃に偶然ジャンと会っていた。
自宅の農場にトランスポートしてやってきたジャンが
光のポータルにトニーを誘っていたことも。

美代子　フロリダでは地下の古代アークも活動を開始した
ことですし、これに関しても、大いにそのコンベンション
が関係していましたからね。

トニー　はい、コンベンションの場は素晴らしいエネル
ギーでした。

美代子　ところで、ちょっと話はそれますが、すべての記
憶がよみがえってからシアトルへはいらしてみたのです
か？

トニー　はい、行ってみました。やはり、自分の体験が本
当なのかこの目で確かめたかったのです。2016 年に、当
時、数年間住んでいたシアトルの自分がいた家を見つける
ことができました。いわゆる、悪魔崇拝者の億万長者の家
ですね。

美代子　実際にその家を発見されたのですね！　その家の
エリートはまだ子どもの生贄などをやっているのですか？

トニー　いいえ、今はもうやっていないです。その家の主

人だった人はすでに亡くなりましたから。私は彼の死亡記事も見つけました。しかし、彼にはまだ家族がいて他にも関係者がいるので彼らの名前を公言できません。当時はその家の近くに雑貨屋があったことも知っていたし、その土地にも詳しかったので、再度訪れた際にも、そのエリア一帯のことを異常なほどよく覚えていたのです。こういった私の記憶がここまで正確なら、宇宙に関する記憶もきっと信頼できるはずなのです。

NASA より正しかった
セレスの情報

美代子　そういうことですよね。他にも、確かセレスの地質に関する話もすごいですよね。

トニー　はい。その話は、私が2016年に、「セレスの地表の斑点は、塩とわずかなマグネシウムの沈殿物である」とマイケル・サラ博士にメールで伝えた件です。すると、

2016年末にNASAの無人探査機である「ドーン」がセレスに行き調査をして戻ってきて、NASAの見解としてはその成分が塩ではなくミネラルであるという説を立てたのです。そこでマイケル・サラ博士が私にメールをくれて「この件に関して、NASAがミネラルと言っているので、あなたの主張を訂正しますか？」と聞いてきたので、私は「絶対にしません。なぜなら、私はその上空を実際に飛んでいたのですから。成分は塩であることはわかっています」と返信したのです。その後4年かかって、2020年の8月にNASAが再び研究結果を発表したのですが、ドーンの探査機が下降してスペクトル分析を行った結果、やはり塩であることが判明したのです。このようなことを公にするのは簡単なことではありません。それで、私が真実を語っていることが証明されたのです。

美代子　そのお話は最高ですね！　まさに体験者は真実を知っているのですよね。

トニー　はい、だからそのニュースが出た時は私にとって素晴らしい日になりましたね！

美代子　これからは、トニーさんのように実際に宇宙を体験した人たちからの情報がどんどん出てくるでしょうね。それに、秘密宇宙プログラムの証言者たちも公の場に出てくるはずです。とにかく、トニーさんの貴重な体験は、闇側の非人道的な犯罪を世界中の人に知らせる重要な情報として、多くの人に感謝されるはずです。闇側の秘密宇宙プログラムにこんなにも大勢の人が拉致されて奴隷制度のもとで労働をしたり、拷問や洗脳を受けたり、また、人身売買されたりしているのです。今、地上でもやっとニュースなどで注目を集めはじめた性的奴隷犯罪ネットワークや小児性愛、子どもの拉致事件のことなどは、すべてトニーさんのように拉致された人々の実体験が証明できるのです。

　それにしても、トニーさんは子どもの頃に偶然にもジャンさんと友達であり、もしかして、銀河連合のソラリス号にも乗船されたかもしれないことを考えると、壮絶な体験をされたとはいえ、きっとトニーさんは選ばれた人なのだと思います。ということは、今の時代にスターシードとして、このタイミングで人類解放のためにジャンさん、エレナさん、デイビッドさん、マイケル博士、アレックスさんなどと共にこの人生に転生してくる前に、それぞれの役割

を分担していらしたのではないでしょうか？　私は皆さんが揃って魂をひとつにして、共同作戦を展開しているような気がします。中でもトニーさんは、あえて試練が多い役を選ばれたのですが、きっとそんな試練に耐えられる強い人だからこそ選ばれたのだとも思います。今後は光側の銀河連合メンバーとして大活躍されることを期待しています。また、トニーさんがご自身の体験を日本の読者に向けてお話ししてくださったことに感謝します。今日は長い時間、本当にありがとうございました。

トニー　こちらこそ、今日はどうもありがとうございました。また、私の体験を皆さんに共有できたことをうれしく思います。一見、信じられない話かもしれませんが、これはまぎれもなく、実際に私の身に起きたことでもあるのです。私の体験談が皆さんにとって目覚めのきっかけになれば、こんなに光栄なことはありません。

美代子　もっとお話を聞きたいこともありますので、またぜひ、お会いしましょう！　では、その日までお元気でいらしてください！

トニー　はい、ありがとうございます。ぜひ、またお会い
しましょう！　美代子さんもお元気で！

II

ディスクロージャーは今すぐそこに！
人類の種の起源「シーダーズ」の
来訪で宇宙時代がスタート！

Dr. マイケル・サラ
Dr. Michael Salla

「エクソポリティクス（宇宙開発における競争や国際協調、地球外生命体の政治的影響などを研究する学問）」の世界的権威者。また、世界政治、米国外交の分野でも知られ、かつては、米国ワシントン DCのアメリカン大学をはじめとする米国内外の大学でも教鞭をとっていた。2005 年に「Exopolitics Institute」を設立し、ハワイ島で開催された地球外生命体と地球の変容に関する 5 つの国際会議を共同開催した。また、人気ラジオ番組『Coast to Coast AM』など数多くの番組への出演や講演などを通して国内外の学会でも紹介されている。ベストセラーになった著書、『シークレット・スペース・プログラム』シリーズにより、真実運動の第一人者としても知られている。https://exopolitics.org

「宇宙政治学」の世界的権威者、マイケル・サラ博士登場

美代子　今日は、UFOや「秘密宇宙プログラム＊（Secret Space Program: SSP）」に関する情報では世界的に有名なマイケル・サラ博士にお話を伺いたいと思います。最初に、私から読者の皆さんにマイケル・サラ博士についてご紹介しておきましょう。マイケル博士は世界政治や世界の紛争、そして米国の外交政策において国際的に認知された学者であり、現在では地球外生命体に関連する政策やそのための政治的プロセス、また、このエリアの重要な人物たちをリサーチする「宇宙政治学（エクソポリティクス）」分野の開拓者として世界で最も知られた人です。

　また、博士はアメリカの超常現象を科学的に扱う人気ラジオ番組『Coast to Coast AM』など、数多くのマスコミ

＊秘密宇宙プログラム（Secret Space Program）

アメリカの軍部、政府、関連企業で秘密裏に進められていた秘密の宇宙計画で現在は、主要な国家も共同参加しており、さまざまなプログラムが存在している。アメリカ海軍の秘密宇宙計画である太陽系へのミッションを行う「ソーラーワーデン」もその1つ。

II

ディスクロージャーは今すぐこちらに！ 人類の種の起源
『シーダーズ』の来訪で宇宙時代がスタート！
Dr. Michael Salla ─ マイケル・サラ

にゲストスピーカーとして出演する他、宇宙やUFO、異星人などをテーマに扱う世界中の国際会議では、必ず取り上げられるほどこの分野ではエキスパートとして注目の方です。ご自身の著作も多く、アマゾンでベストセラーになっているシリーズ、『シークレット・スペース・プログラム』では真実を追求する運動のリーダー的立場としても知られています。現在でも、1日に5千人以上の人々が博士のウェブサイトにアクセスして最新の記事を閲覧しています。では、前置きが長くなりましたが、そろそろ博士とのお話をはじめましょう！　マイケル・サラ博士、こんにちは。初めまして！

マイケル　はじめまして、美代子さん。こんにちは。今日はこちらこそ、どうぞよろしくお願いいたします。

美代子　本日は貴重なお時間をいただきありがとうございます！　では、最初に私の簡単な自己紹介もしておきますね。現在、私は東京に住んでいて、世界中にいる"真実追求者"と呼ばれる方々の取材を行っています。これまでインタビューした方の例を挙げると、ホワイトハットのパラディンさん、元米海軍のジーン・ディコードさん、映画

『カバールの崩壊』を制作されたジャネット・オサンバードさん&シンシアさん、UFOコンタクティのジェームズ・ギリランドさん、チャーリー・フリークさん、最近では、惑星を旅する「スター・トラベラー」として知られているイリアナさんやエレナ・ダナーンさんなどがいらっしゃいます。

マイケル　皆さん、そうそうたる方々ばかりですね。素晴らしいですね！

美代子　ありがとうございます。サラ博士、私はあなたの著書である『The US Navy's Secret Space Program』『US Air Force Secret Space Program』『Galactic Federations Councils』の原書を持っております。すべてベストセラーになっていて、素晴らしいご活躍をされていますね。特に、秘密宇宙プログラムに関しては、すでにディスクロージャーが加速度的に起きてきているので、世界中の人々にも宇宙の真実が明らかになる日が近いと感じております。

マイケル　はい、その通りですね。

美代子　そんな時代が来ると思うと、とてもワクワクしますね。でもそうなると、博士もさらに今まで以上にお忙しくなられることでしょうね。

マイケル　はい、私もそんな気がしております（笑）。とにかく今は大きなディスクロージャーが起きようとしている、そんな時代だと言えるでしょう。

人類の種の起源 「シーダーズ（Seeders）」が 地球へやってきた意味とは

美代子　私の話で恐縮ですが、自著である『世界の衝撃的な真実』『闇側の狂気と光側の希望』（ヒカルランド刊）の2冊において、1年をかけて光と闇の闘いについてのことを明らかにしてきました。私は、これまでの博士の数々のインタビューも拝見していることから、光側の勝利を信じているのですが、2021年10月に「銀河間連合＊（Inter

Galactic Federations）」から、いわゆる人類の種の起源に
なった異星人たちである「シーダーズ（Seeders）」が来訪
したことで、それが確実になったと言えるでしょうか？

マイケル　はい、そう言えるでしょう。ついに地球は銀河
間連合の介入により、太陽系から「ダークフリート（闇の
艦隊）」やドラコレプティリアン（爬虫類人）、「オリオン
同盟（闇の同盟）」などが退去したことで、2021年の秋か
ら大きなパワーシフトの時代を迎えています。この戦争で
銀河連合とそのパートナーである「アシュタール司令部」
や「アンドロメダ評議会」が火星、南極、月の解放のため
に重要な役割を果たしてきました。

美代子　そうなのですね！　ところで、アシュタールに関
してですが、アシュタールは"アシュタール司令部"とい
う組織があるのであって、アシュタールという人物ではな
いとエレナさんが話していましたが、これは正しいです
か？　そして、おっしゃるように「銀河連合*」の他にも、

＊銀河間連合（Inter Galactic Federations）

地球を含む銀河系を超えた宇宙に存在する数多の銀河系を束ねて統
括するより大きな組織である連合。

そういった組織も関与していたのですね。

マイケル　はい。まず、アシュタールの件は正しいです
ね。アシュタール司令部とは、もともとはさまざまな種族
からなる惑星集団でしたが、地球と同じようにレプティリ
アンによって侵略されたといわれています。そこで、ア
シュタール司令部はその集団から離脱しました。彼らは有
能な軍事グループを形成しており、現在、木星の雲の中に
拠点を持ち銀河連合と一緒に動いているそうです。

美代子　そういえば、エレナさんは実際にその司令部を訪
問していますね！

マイケル　そうなのです。また、アシュタール司令部の木
星にある施設は、2021年7月に14の宇宙進出国と複数の
地球外組織の間で交わされた秘密協定の会議場としても使
用されたようです。

＊銀河連合

この銀河内の惑星の種族たちが所属する組織で連盟のようなもの。
宇宙の平和と調和のために働きかけ、地球の救済のためにも働きか
けている。

美代子　それが、いわゆる地球側と宇宙側のアライアンスを組むための「木星協定（木星会議で締結された協定）」のことですね!?

マイケル　はい、そうです。闇側の敗北後に太陽系を管理するため、地球の主要な宇宙開発国を同盟に加えることにしたのです。木星協定はそのための重要なステップでした。この協定では、地球の主要な宇宙開発国である14か国が中国、フランス、ロシア、イギリス、アメリカの5つの「常任理事国」と日本を含む「6か国理事会」を通じて、アメリカのリーダーシップを受け入れることに同意したの

「アシュタール司令部」は木星の雲の中に基地があるといわれている。

すでに宇宙では
「木星会議」など人類も交えた会議が行われている。

です。

美代子　日本もこの大事な6か国の理事会に入っていたのはうれしいです。

マイケル　はい、そうです。日本も重要な役割を果たしていますよ。

美代子　日本では、こういった事情や情報を伝えてくれる人はほとんどいないのです。ですので、日本にいると真実を正確に知るのが難しいですね。そのため、私は海外から情報を得るようにしているのです。

マイケル　そうですか。でも、日本もそうかもしれませんが、オーストラリアなどでも密告者的な立場の人はほとんどいませんよ。小さい国だったりすると、秘密を明らかにするとリスクが高いという理由もあるのでしょう。一方でアメリカの場合は、国内だけでもいろいろな秘密宇宙プログラムが存在しています。組織も海軍、空軍、大企業、またホワイトハット、ブラックハットといろいろ存在しているので、お互いに牽制し合いつつ、オフィシャルなディス

クロージャーを妨げながらも、さまざまな形でリークが行われているのです。もちろん、正式な証拠や書類があるわけではありません。たとえば、元軍人で、数々の宇宙情報を暴露したことで知られているウィリアム・トムキンズみたいに正式な書類や証拠がある人は少ないです。

美代子　なるほど。でも、密告者の中にもエイリアンのグレイや闇側にマインドコントロールされている人たちもいるので要注意ですよね。自称コンタクティとしてアピールしている人たちもいるので検証が必要です。アンドロメダのコンタクティとして知られるアレックス・コリエーさんやエレナさんなどの情報によれば、銀河連合とコンタクトを取っていると自称しているブロンド女性のMRさんは、どうやらグレイに洗脳されているようですね。また、CIAが誤情報を流す"人気者"をあえてプロデュースする場合もあるようなので、気をつけないといけませんね。

マイケル　その通りですね。

銀河連合が「米国宇宙司令部」と「スターフリート（宇宙艦隊）」を創設

美代子　少しお話を戻して確認したいのですが、そうすると、銀河連合が「米国宇宙司令部＊（アメリカ宇宙コマンド）」と協力して、「スターフリート（宇宙艦隊）」を創設し、米国宇宙司令部が「地球アライアンス（宇宙の活動を推進する地球の連合組織）」の中心になることを木星会議

＊米国宇宙司令部
（アメリカ宇宙コマンド〈United States Space Command〉）

アメリカで1985年に設立されて2002年アメリカ戦略軍として整理・統合された後、2019年に再編成された。かつては「アメリカ宇宙軍」と呼ばれていたが、軍種である「アメリカ宇宙軍」が新たに設立されたことで、混同を避けるために公的文書では「アメリカ宇宙コマンド」の名称で呼ばれている。

（画像はマイケル博士提供）

で決めた、ということで合っていますか？

マイケル　はい。これは、米国宇宙司令部のトップである
ジェームズ・ディキンソン将軍が、世界中の複数の軍隊、
宇宙機関、企業と100以上の協定に達したと発表したこと
からも明らかなのです。光側のスターフリートは、この木
星協定によって誕生したものです。これは、エレナからの
2021年7月のメールやコンタクティのJPからも確認でき
ています。米国宇宙司令部は、木星協定が締結されたちょ
うど1カ月後の2019年8月29日に正式に発足し、その
12月20日にトランプ大統領が署名して「米国宇宙軍」が
正式に設立されたのです。

美代子　トランプさんが大統領の時代に宇宙軍を設立した
というのが頼もしいですね。こういった動きからも、彼は
完全に光側だとわかりますね。そして、ありがたいことに
太陽系のお掃除が銀河でも進んだのですね。

マイケル　はい、そうです。銀河連合と米国宇宙司令部が
先導する地上アライアンスの協力のもとで、闇側が退治さ
れました。地球側の多国籍から構成された宇宙艦隊は、銀

河連合の援助により高度な宇宙テクノロジーを享受できているのですよ。

美代子　それがいわゆる、米国海軍の「ソーラーワーデン*」などですね。

マイケル　はい、米国海軍のソーラーワーデンは、少なくとも8個の宇宙戦闘艦隊を所有しており、この艦隊が太陽系の安全を守っています。さらに、ウィリアム・トムキンズ*は、最新鋭の12の宇宙戦闘艦隊が銀河連合のメンバーである「ノルディック（ヒューマノイド系地球外生命体で白い肌にブロンドが特徴）」の協力のもと、地球外の基地

＊ソーラーワーデン

アメリカ海軍による太陽系監視艦隊の組織。ソーラーワーデン（画像はイメージ）は、「太陽系の監視人」を意味する。

（画像はマイケル博士提供）

で製造されていることも話していました。これらの海軍宇宙戦闘部隊は1970年代後半にテストされた後、1980年代前半に運用が開始され、すでに40年以上にわたって運用されてきており、現在ではそれが「アルテミス協定（宇宙探査や宇宙利用に関する基本原則を定めた国際的な合意）」に参加している数カ国も加わって、スターフリート（宇宙艦隊）となっているようです。

美代子　そうなのですね！　92歳までお元気でいらした元海軍のウィリアムさんの証言は大きいですよね。それにしても、最先端テクノロジーによって宇宙船や宇宙戦闘艦隊などが製造されているわけですが、これには民間の航空

＊ウィリアム・トムキンズ

60年代初頭にダグラス社の元航空宇宙設計者。第二次世界大戦後に退役軍人となってから、UFOや異星人の情報をディスクローズしたことで知られている。
　　　　　　　　　　　　　　　　　　　　（画像はマイケル博士提供）

宇宙産業も関係していると思いますが、どういった企業でしょうか？

マイケル　はい。企業名を挙げるなら「ロッキード・マーチン」「ノースロップ・グラマン」「ジェネラル・ダイナミックス」「スカンク・ワークス」などの主要なグローバルな宇宙航空企業が製造に関わっていると聞いています。1988年にカリフォルニアのヴァンダンバーグ空軍基地で行われた航空ショーでは、3つの違うサイズの空飛ぶ円盤を潜在的な顧客に披露していたので、こういったものがロッキード・マーチンで製造されているのは確認できます。

美代子　"潜在的な顧客"ですか！　いずれ将来的には、私たちだって顧客になり得ますよね（笑）。そういえばウィリアムさんによると、1940年代に海軍のスパイがナチスから得た宇宙船などの貴重な資料をパッケージにして宇宙航空企業に届けていたという話ですね。

マイケル　はい、その通りです。

メドベッドも月で大量生産中

美代子　こういったグローバル企業は、もともとはどちらかというと闇側のディープステート寄りだったはずが、どこかの段階でホワイトハットに支配されたのではないかと思うのですが、いかがでしょうか？　あのイーロン・マスクによる衛星通信技術の「スターリンク」システムなどを含め、こういった航空宇宙産業の技術力も、将来的には私たちの社会で実際に必要になってくると思うのですが……。

マイケル　はい、その通りですね。実はそもそも、こういったことを協議するために木星会議があったのです。おっしゃるように、これらの大企業は今、ホワイトハットのもとで動いているはずです。また、実はディスクロージャーのためのスケジュールも存在しています。でも、これらの宇宙テクノロジーが実在していることを公開するのは、まずは医療・健康分野が先になると思いますね。最初に医療機器の「メドベッド」などが一般に開示されるので

はないでしょうか。

美代子　それはうれしいです。何しろメドベッドは、多くの人が待ち望んでいますから。

マイケル　基本的には、これらの宇宙テクノロジーは、何よりもまず兵器として使われる心配のないものであり、人々に有益なものとして市場に出てくるはずです。メドベッド＊の他には高タンパクの植物なども公開されるはずです。これに関しては、あるコンタクティの証言ですが、月に連れて行かれた時に地上よりもはるかに高タンパクのじゃがいもがあったと言っていましたね。今後、高タンパ

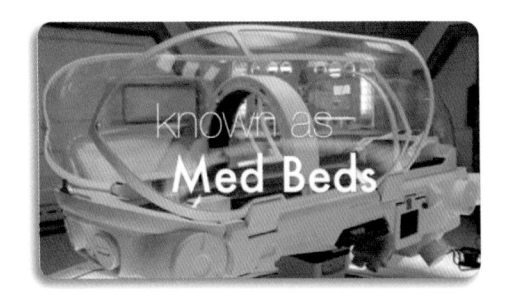

＊メドベッド

宇宙テクノロジーを搭載した医療用ヒーリング機器。

（画像はマイケル博士提供）

クや栄養価の高い農産物が作れるようなテクノロジーが開
示されると、動物を食べなくてもいい時代がくるかもしれ
ません。

美代子　いいニュースですね。それは動物たちにとっても
幸いですね！

マイケル　そうですね。現在、メドベッドは月で大量生産
されていますから、ディスクロージャーの準備ができたら
地球上の人々にいずれ開示されるはずですよ。

美代子　ちなみに、その大量生産されたメドベッドは、ど
のように地球に運ぶのでしょうか？

マイケル　その種の装置を地球に運ぶシャトル航空機みた
いなものがすでにあります。コンタクティのJPはシャト
ル航空機に乗って月と火星の往復をして物資や装置を運ん
でいたそうなので、メドベッドなどは月から地球にも運ん
で病院で使えるでしょう。ちなみに私の理解では、今後は
「月面司令部」は組織の目的が変わり、教育分野や医療機
関専門となるはずです。将来的にはニーズの高い人から月

に行って、医療や教育関連のプログラムを受けられるように
になるでしょう。

「秘密宇宙プログラム」
に参加した２人

美代子　まさに銀河時代の到来ですね！　それはなんとも
楽しみです。そういえば、ソーラーワーデンといえば、最
近はフランス人のジャン・シャールズ・モヤン＊さんとデ
イビッド・ルッソー＊さんの２人がアメリカとフランス共
同の秘密宇宙プログラムであるソーラーワーデンプログ
ラムに参加されたことを表に出てきて報告していますよ
ね。実は私は、エレナさんの紹介で何度かジャンさんをイ
ンタビューしているのですが、博士もこのお２人をインタ
ビューされていますので、よろしければ、彼らについての
お話を聞かせてください。

マイケル　わかりました。まず、ジャンは1982年にアメ

リカとフランスの共同秘密宇宙プログラムの宇宙艦隊「ソ
ラリス号」に13歳の時にリクルートされています。同様
に、デイビッドも10歳の時に「ソラリス号」にリクルー
トされていることから、2人は出会ってすぐに親友になり
ました。宇宙船での体験について、それぞれが共通して
語っている部分があります。それが、マリア・オルシッ
ク＊が彼らを宇宙船で出迎えてくれた、という話です。彼
女に船内のある教室に連れて行かれると、自分たち2人以
外はすべて異星人の子ども（10〜13歳くらいの年齢）た
ちだったそうです。

美代子　異星人ばかりのクラスで彼らだけが地球人だった

＊ジャン・シャールズ・モヤンとデイビッド・ルッソー

アメリカとフランス共同の秘密宇宙プログラムに少年時代から参
加。右の画像内の男性がジャン・シャールズ・モヤンで左がデイビッ
ド・ルッソー。　　　　　　　　　　　　　　　（画像はマイケル博士提供）

のなら、親友になるのは当然ですね。1人だと心細かった
でしょうから、よかったです。私もソラリス号という名前
はジャンさんから初めて聞いたのですが、フランスとアメ
リカ共同のプログラムであることが興味深かったです。し
かし、彼らを指導するのが地球外生命体というのですから
驚きですね。ブロンドで青い目の美しいマリア・オルシッ
クが彼らの先生でもあったというお話には感動しました。
ジャンさんいわく、銀河で戦ったり、外交交渉をしたりす

＊マリア・オルシック

マリア・オルシックは、クロアチア人の父とウイーン出身の母との
間に1895年に生まれ、ドイツの秘密結社である「ヴリル協会」のリー
ダーになった霊能力者として知られているが、実際には彼女の正体
は異星人でありノルディックだったといわれている。

（画像はマイケル博士提供）

るために、7年間もさまざまな戦闘術やテレパシーやテレキネシス（運動エネルギーを用いた超能力）などを使った訓練をされたそうですね。

　マリア・オルシックについては、博士の著書にも何度も彼女の話が出てきますし、私の本にも彼女の話はしばしば登場します。私は、彼女は地球人に紛れ込んでいた光側の異星人だと信じていたのですが、正しかったのですね。それにしても、1930年代からドイツなどで活動していた彼女がまだ若く美しい姿のままでいらしたのは驚きです。やはり、エレナさんが言うように異星人は年を取らないのですね。とはいっても、異星人の中にはカマキリの姿をしたマンティスとか、見たらぎょっとするような姿の存在たちもいるわけなので、彼らと遭遇するだけでも衝撃的な体験です。ジャンさんもデイビッドさんも7年もそんな環境で過ごしたら、もうすっかり異星人に慣れたのではないでしょうか。

ジャンとデイビッドは宇宙船の中の教室で
異星人たちのクラスメートと共に
マリア・オルシックから授業を受けたと語っている。

2人が光側に
リクルートされた意義

マイケル　それはそうでしょうね。彼らはこうして秘密宇宙プログラムのための訓練や教育を受けた後、一旦、地球での生活に戻りました。しかし、各々が17歳と20歳くらいの時、再度フランスとアメリカ共同の秘密宇宙プログラム「ソーラーワーデン」のソラリス号に連れて行かれて、そこで行われた太陽系内の火星などの惑星へのミッションの任務に就くことになったのです。それらの鮮明な記憶を2人とも持っているのです。

美代子　普通は、アメリカとフランスの共同秘密宇宙プログラムと聞いたら、主な関係者はフランス人とアメリカ人だと思いますが、実際には、ほとんどが地球外生命体だったというのに驚きました。それだけでも、銀河連合が大いに関係していることがわかりますね。彼ら2人が選ばれていたというのも、ある意味、計画のうちの1つだったのでしょう。また、ジャンさんとデイビッドさんそれぞれに銀河連合のガイドみたいな存在がずっとついてサポートして

いたそうですね。

マイケル　はい、そのようですね。それぞれのガイドたち
は銀河連合のメンバーだったようです。とにかく、光側の
秘密宇宙プログラムには、最初から銀河連合が密かに関与
しています。

美代子　そうでしょうね。そのために銀河連合から大使で
ある金星人のヴァル・ソーのような存在がアメリカのアイ
ゼンハワー政権時にペンタゴンに来ていたのですものね。
ちなみに博士は、ジャンさんとはいつ初めてお会いになっ
たのですか？

マイケル　ジャンとは2019年8月にカナダのケベック州
で開催されたコンベンションで初めて会い、以降1年以上
かけて彼の文書と証言を検討し、信憑性があると判断し
ました。その後、2021年の後半に、ジャンはデイビッド
との驚くべきつながりについて話してくれたのです。

美代子　2人とも「20アンドバック（20&Back）」という
プログラムに20年間も任務として就いていたけれども、

最終的には記憶を消されて、地球にいた時の元の年齢と場
所に何もなかったかのように戻されたのですよね。彼らと
これまでの密告者たちとの大きな違いは、闇側に拉致され
て秘密宇宙プログラムに参加されたのではなく、光側にリ
クルートされたところだと思うのです。こんなふうに、今
は光側で活動してきた人たちが表に堂々と出てきていると
いうことも、光側の勝利を実感できますね。彼らの任務に
は、宇宙で闇側に拉致されて奴隷となった人たちを命懸け
で救出する任務もあったとか。奴隷の中には地球人だけで
なく異星人たちも多かったというのが驚きです。地下基地
のことに詳しい元軍人のジーン・ディコードさんが教えて
くれた世界中の「DUMBS（深層地下軍事基地）」の情報
だけでも衝撃でしたが、宇宙の月や火星、木星の衛星のセ
レスなどにも地下基地があり、遥か遠く離れた想像を絶す
る場所にまで拉致され連れて行かれ、奴隷にされている人
がいるなんて、誰も想像もできません。中には拉致された
子どももいるわけですから、なんとも恐ろしいことです。
それも、闘う相手は凶暴なドラコレプティリアンやインセ
クトイド（昆虫系の異星人）なので、怖いですね。

　でもおかげさまで、博士が多くの人々をインタビューし

て皆さんに報告してくださっているので、私たちはそんなことも知ることができるのです。ありがとうございます。他にも、セレスで奴隷になったトニー・ロドリゲスさんのインタビューも何度もされていますが、その辺りもまたお聞きしたいです。ジャンさんはセレスでの戦いで、デイビッドを助けようとしてドラコレプティリアンに攻撃されて瀕死の状態になり、ソラリス号の救急医療室に連れて行かれ、メドベッドで何時間も治療を受けて生き返った話もしていました。彼のケースは幸運でしたが、中には救出が間に合わずに命を落とした仲間も大勢いると聞いています。陰でそんな働きをしてくれている人たちには感謝しかありません。

マイケル　本当にそうですね。私もそう思います。

ノルディックとコンタクトするJP

美代子　ところで、ジャンさんとデイビッドさんたちの活動も素晴らしいのですが、マイケル博士がインタビューをされているJP*さんという方がかなり貴重な情報を提供してくれていますね。このJPさんとは、どんな方なのですか？　彼は顔出しもしていない人ですが、博士は実際にお会いされたことはありますか？

マイケル　はい、JPとも実際に会っていますよ。実はJPは2008年からの知り合いです。彼の本名も知っています

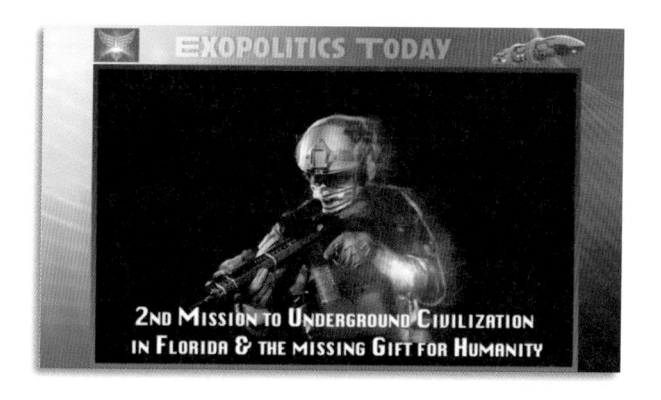

＊ JP

2008年以降、ノルディックとコンタクトがはじまる。以降、継続的なコンタクトに加えて米空軍の秘密宇宙プログラムにも参加しており、マイケル・サラ博士にその情報を報告している。

（画像はマイケル博士提供）

し、奥さんのことも知っています。彼には、まだ小さな子どもたちもいるので家族の安全のために匿名にしているようですが、実際の彼はとても誠実な人ですよ。まず、JPのプロフィールを簡単に説明しておくと、彼は2008年以来、ノルディック（ヒューマノイド系の地球外生命体）とのコンタクトをとるコンタクティであり、同時にコンタクティとしての体験を報告するインサイダーです。これまで彼は、ノルディックとの継続的なコンタクト経験に加え、米空軍の秘密宇宙プログラムにも参加し、三角形や四角形の宇宙船に乗った経験もあります。JPが多くのコンタクティやインサイダーの中で際立っているのは、自分が乗船したノルディックの所有する機体の見事な写真を実際に撮影していることです。空軍の特殊作戦部隊の関係者から、自分たちの反重力装置の写真を撮るようにとあえて勧められることもあったそうです。

　ではここで、JPのこれまでのストーリーを少しお話ししておきましょう。JPにとっての不思議な体験は彼が7歳の頃、ニューヨークで光に導かれた体験をしていたのがはじまりだったようです。その後、成人して2008年に奥さんの実家のブラジルで初めてノルディックと出会ったそ

うで、彼はその話を誰かにしたくて私に連絡してきたのです。

美代子　ということは、JPさんは2008年からずっとノルディックとコンタクトが続いてきたのですね！

マイケル　はい。私はその時の記録を2017年から自身の書籍でシリーズとして公開してきました。ブラジルでの体験とは、2008年のある日、郊外にある奥さんの実家に滞在している際に、夜に皆が寝静まった後、彼は何か不思議な衝動にかられたそうなのです。そこで、1人で外に出て、光の方向に森を歩いていたら1機の宇宙船が降りてきたとのこと。そして、中からノルディックの男性が2人出てきて彼にテレパシーで挨拶したそうです。彼らは6.5フィート（約2メートル）くらいで背が高く、白い髪に青い目、光る素材のユニフォームを着ていたそうで、そのユニフォームはいろいろな色を発しながらも、メインカラーはグレーがかった青だったそうです。その時点で彼は自宅で目を覚ましたらしいのですが、少し怖い気持ちがありながらも、なぜだか幸せな気分になったと話していました。

また、最近のコンタクトとしては、フロリダ州オーランドで2017年5月のある日、JPは耳鳴りがしたので人里離れた森林地帯に行ったそうです。すると、そこに宇宙船が着陸したと思いきや、そこから1人のノルディックが降りてきたそうです。そのノルディックはアメリカ空軍のジャンプスーツの制服を着ていて、宇宙船に乗らないかと誘ってきたのですが、JPはその申し出を断ったそうです。その代わりに、発進して行った宇宙船の姿の写真を撮ったのです。そのノルディックによると、アメリカや他の国との取り決めにより、自分たちの姿は公開できないけれど、宇宙船の写真の撮影だけは許可されたそうです。そして今後、地球では宇宙船が多く出現すると言われたそうです。

　その後、JPは2017年8月にフロリダ州タンパのマクディール空軍基地付近で目撃した空飛ぶ三角形の写真を公開することになります。これは、現地の見知らぬ職員から写真の公開を催促されたとのことです。すると、その直後の9月にカリブ海諸国やアメリカに超大型のハリケーン「イルマ」が襲うことになったのですが、マクディール基地にもハリケーンが直撃する進路となったことから、基地は史上初の規模の避難と閉鎖を余儀なくされてしまいまし

森の中でノルディックと遭遇したJP。

た。これは JP の情報筋によると、イルマは米空軍特殊作戦司令部が反重力機の艦隊を一般に知らしめたことに対する報復であったということです。その後、同じ年の 10 月にも、空軍基地付近で目撃した空飛ぶ長方形の写真を撮るようにと秘密工作員から促されたので撮影したそうです。その時、彼は過去に軍関係者による拉致である「ミリタリーアブダクション（MILAB）」を受けたことがあることを思い出し、その際に撮影した長方形の乗り物に自分が乗っていたことを思い出したのです。他にも、米空軍の制服を着たノルディックと遭遇したこともあり、ノルディックが空軍の先端技術プロジェクトを助けていることなども知ったそうです。しかし、ノルディックがどこから来て、何という名前なのかなどまでは知らされていないそうです。

選ばれし者なら
写真撮影を許される時代に

美代子　なるほど。JPさんはミリタリーアブダクション
も受けていたのですね。それにしても、実際に写真撮影を
許されたというのはすごいですね。つまり、こういった
ディスクロージャーがJPさんのように選ばれた人によっ
て計画的に少しずつはじまっている、ということですね。
以前、エレナさんをイタンビューした時に「写真撮影はで
きないの？」と質問したら、今の段階ではまだイラストで
表現することしか許されていないと話していました。ちな
みに、JPさんはノルディックの宇宙船に何度も乗られた
ようですが、彼ご自身も米軍に所属していますよね？

マイケル　はい。JPは2019年1月から、米軍と米宇宙
軍に所属して米軍宇宙司令部における地球外の秘密作戦の
任務に就いています。彼は自身のミッションに必要な特殊
部隊の訓練を終えたことを証明する書類も持っています。
彼が軍に加わったのは、空軍の秘密オペレーションの仲間
から、より緊密なオペレーションを遂行するために空軍に
入隊するようにと勧められたからだそうです。同時に、彼
はその仲間から情報を公開するようにということも頼まれ
たそうです。

美代子　そんな背景があったのですね。JPさんは明らか
にディスクロージャーの役割を光側から任されている人だ
と言えますね。

マイケル　はい、そうだと思います。さらに、2021年
9月には、JPは自分と選ばれた他の軍の同僚と共にノル
ディックの技術をベースに地球で造られた高度なシャトル
船で月へのミッションに何度か参加していると教えてくれ
ました。彼いわく、2008年にブラジルで目撃した宇宙船
とミッションで使用したシャトル機はよく似ていたとのこ
とです。

JP が実際に写真を撮ったノルディックの宇宙船。

（画像はマイケル博士提供）

　また、月のシャトル機は地球の技術とノルディックの技術を組み合わせた自動操縦の乗り物であり、通過する場所に応じて月と地球から遠隔操作できるそうです。その原理はいわゆる空港のシャトルバスに似ていますが、このシャトル機の場合は、防衛や建設プロジェクトに就く軍人を月と往復させるためのものです。このように、相当数の建設プロジェクトが進んでいたようですが、帰り便に乗船した際、ある部屋に連れて行かれてその記憶を消されたそうです。面白いことに、JPは同僚たちが記憶を消されているのに、自分は月での任務についてすべて覚えていると言っていました。

ノルディックの技術をベースに地球で造られたシャトル船。

（画像はマイケル博士提供）

ギャニメイドへの
秘密ミッションと月の解放

マイケル　また、その際に「ローバン」というヒューマノイド系の異星人から、いずれ、木星の衛星である「ギャニメイド*」へのミッションに就くことになるから準備しておくようにと言われたそうです。ちなみに、JPにコンタクトしてきたノルディックは銀河連合のメンバーです。ノルディックは1930年代からずっとドラコ帝国やオリオン同盟に支配されていた地球の月の解放に貢献し、米軍宇宙司令部と一緒に月に新しい基地を建設しています。現在、月にある月面司令部は、かつては闇側の惑星間企業が管理していた場所ですが、そこが地上アライアンスや米宇宙軍のものになったことは大きいですね。

美代子　そうですね。JPがつながっているノルディックが月の解放に貢献してくれたのはありがたいですね。ま

＊ギャニメイド

ギャニメイドとは木星の第3衛星のこと。太陽系に存在する衛星の中で半径、質量共に最大。半径は太陽系内の天体の中で9番目に大きい。

た、月が闇側から解放されたというのは、2021年の初め
だとエレナさんが話していましたが、エレナさんのコンタ
クト先のソー・ハーンは実際にその戦いに参加していたそ
うですね。感謝しかありません。ちなみに、JPさんのギャ
ニメイドへの秘密ミッションとは何だったのですか？

マイケル　JPによると、木星の衛星であるギャニメイド
には、米軍が密かに人員と船を送っているそうです。JP
自身もその任務に就いていて、多くのクールでカッコいい
異星人たちと会ったそうです。彼は、地球の人たちにも、
ギャニメイドには数多の文明の善良な異星人たちが協力し
あっていることを伝えたいと話していました。また、そこ
での異星人たちについて、「彼らは人間とまったく同じで
互いに愛し合う存在です。彼らとは自分たちの家族につい
て、また、楽しい体験や悲しい体験についてもよく語り
合っていました。もちろん、見た目はそれぞれ違いま
が、私たちと何ら変わりはありません。彼らは自分たちの
方が遥かに進化していることについても、決して自慢した
りせず、とてもフレンドリーです。知らないことも親切に
教えてくれますよ」と語っていました。

太陽系の中で大きさ、質量共に最大の惑星である木星。木星の衛星であるギャニメイドは銀河の中で重要拠点になっている。

ギャニメイドには、さまざまな種族の異星人たちのコロニーも存在している。

（画像はマイケル博士提供）

美代子　ギャニメイドとは平和な場所なのですね。ギャニメイドは銀河の中ではどのような位置づけの衛星なのですか？

マイケル　水星よりも大きくて、太陽系で9番目に大きな天体です。JPによれば、地球よりも多くの水があるようです。また、木星の引力のおかげで電磁場があることから、衛星というよりは惑星みたいだそうです。JPが任務に就いている「ホースシュー（馬のひづめ）」と呼ばれる施設は、心地よい波動を出しているそうです。地上にはドームのような建築物が多く、地下に入ると呼吸もできて美しいコロニー（文明）が多くあり、それぞれに植物、建築、異星人などがいるそうです。古代の綺麗な彫刻や壮大な建物や肖像などの作品も多いそうです。中には、見事な図書館もあって、そこには太陽系などのあらゆる資料が揃っているそうです。交通機関の乗り物は非常に進化していて、大きな海洋もあり、地球のクジラ以上に大きな生命体もいるそうです。

美代子　そうなのですね！　そこまで進化しているので異星人のコロニーなども多く存在しているのですね。そうす

ると、地球からの人員の派遣は米軍からだけではないのですよね？

マイケル　はい。世界中の国々の多くの軍がその特別なミッションに就いていたそうです。

美代子　月やギャニメイド以外でもミッションがあるのでしょうか？

マイケル　はい。他にも土星、木星、火星や金星の隣のアストロイドベルト（小惑星帯）などの周囲や、太陽系のさまざまな場所にもいろいろな基地や施設があります。そのような場所でもミッションは行われているそうです。

美代子　そうですか。地球の人には想像もできないようなお話をJPさんがこうして報告してくれているのですね。

マイケル　そうです。おかげさまで今まで極秘にされてきた情報は少しずつ表に出てきているので、このような話をまったく信じなかったような人たちも、いずれこれらが真実だとわかる日がくるでしょう。JPはギャニメイドで異

星人と人類が協力してこの銀河だけでなく、数多の銀河の
ために働いていることを知ってから、地球では支配層が未
だに人々を騙し悪意のある行いを続けているのを見るのは
つらいと話していました。将来的には、地球を住みやすい
ところにするためにも、関係者たちはそろそろ勇気を出し
て情報をオープンにしてほしいとも言っていましたね。

美代子　本当にその通りですね。この私も、もうすぐディ
スクロージャーがはじまるというのは、すでにエレナさん
やトニー（トニー・ロドリゲス）さん、ジャンさんなどと
話しているとよくわかります。

マイケル　ちなみに、JPは1年前のあるミッション直後
に、次のような数分間のビデオメッセージを残していま
す。「私の名前はJPです。これから、多くの軍人たちが秘
密宇宙プログラムでの体験を語りはじめてくれると信じて
います。私もこのプログラムに参加して多くの友達と出会
い、現在もまだ長期にわたる任務に就いている人々がいる
のです。たとえば、ある異星人の友人は木星の月である
ギャニメイドにある幾つかの施設で働いています。ギャニ
メイドとは、海洋に生命体がいて氷の下の海底には施設が

あるという驚くべき場所です。地球の人々には信じられないかもしれませんが、木星のように美しい惑星の側のゾーンを宇宙船で通ると、窓の下には壮大な木星の姿や木星の大気、雲などが見えてくるのです。そして、付近のある程度の高度には、40～50マイル（65～80キロメートル）にも及ぶ宇宙船や基地が浮かんで、そこで多くの異星人や人間たちが任務についているのです。任務を遂行している立場の者は詳細を話せなかったりしますが、もうすぐ、これらの情報は表に出てくるでしょう。ペンタゴンや世界中で起きているコンタクトの様子を見ていてください。今世界で起きていることはまだ理解できないかもしれませんが、宇宙船から宇宙の光景を見ることもできるのです。地球がどれほど美しいのか、とういこともぜひ、地球の人々に知っていただきたいのです。今はまだ兵士たちは地球に戻ってもこれらの体験を誰にも話せないでいるので心を痛めていますが、これらのことはいずれ誰かが話さないといけないのです」とのこと。以上がJPからのコメントですね。

美代子　JPさんの真摯な想いが伝わってきますね。

シーダーズの
「アヌンナキ」の帰還

美代子　ところで、JPさんのギャニメイドの秘密ミッショ
ンは、銀河間連合が2021年10月にこの銀河系に到着した
ことと関係あるのですよね？

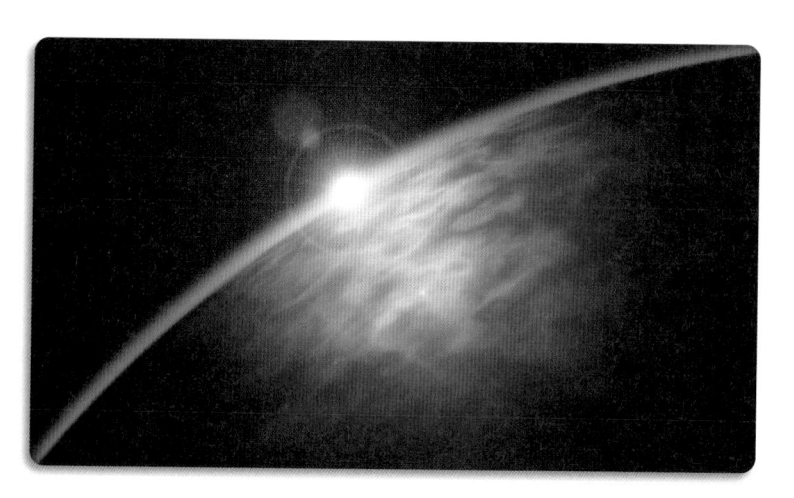

宇宙船から地球を見ると、その美しさには目をみはるばかり
とJPは語る。

マイケル　はい、そのためのミッションとしても来ているのです。JP は米空軍と共に、月や地球から宇宙船や資材を運び、ギャニメイドの基地をアップグレードするというミッションに就いていました。ただし、あまり詳しくは話せないとは言っていました。というのも、地球で何が起きていて、また、今後何が起きるかなども知っている非常にパワフルな存在がギャニメイドに到着したらしく、異なるタイムラインが融合しようとしているからと話していました。とにかく、彼は任務を遂行する中で、そのパワフルな種族の存在を感じるだけで、これまでにないほど平和で美しい気持ちで満たされ、宇宙とつながる感覚になると話していました。その影響は彼だけでなく他の兵士たちも同様で、おだやかで心優しい性格になるそうです。さらには、繊細さも増して、木々が自分に話しかけているのがわかるし、すべてのものにはそれぞれ存在する意味があり、私たちはすべてがひとつにつながっているのがわかるそうです。

美代子　素晴らしいですね！　銀河間連合が到着したことは、地球だけでなく銀河にも良い影響があると聞いていましたが、そのようなお話を聞くとうれしいです。

II

ディスクロージャーは今すぐそこに！ 人類の種の起源
『シーダーズ』の来訪で宇宙時代がスタート！

Dr. Michael Salla　Dr.マイケル・サラ

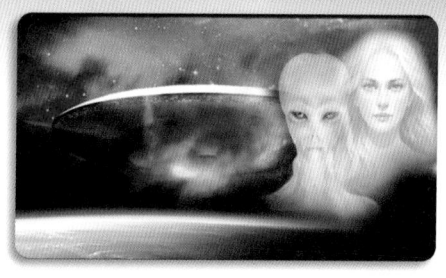

（画像はマイケル博士提供）

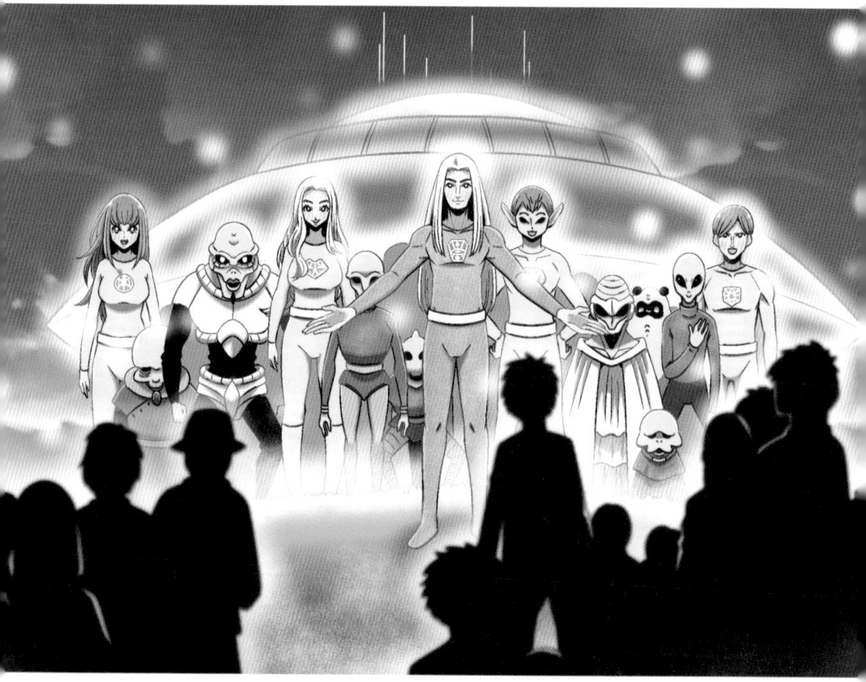

銀河間連合が銀河系に到着したことで、
ついに地球にも新しい宇宙時代が到来した。

マイケル　他には、35年以上ものコンタクト体験がある
ジェームズ・ギリランド氏のことはご存じですよね。彼に
もインタビューしましたが、彼自身もコンタクトに関する
3冊の著書があり、ワシントン州のアダムス山の麓でUFO
と遭遇できる人気のリトリート施設を運営している人で
す。彼が2017年に出版した本、『アヌンナキの帰還、ス
ターネーションと来るべき日』で、ジェームズは人類の種
の起源になった異星人、"シーダー種族"の1種であるア
ヌンナキの帰還について、複数のソースからの情報を提示
していました。

　ジェームズが言うには、ある地球外生命体からの情報に
よると、巨大な500隻の船が飛来してきて、そのうちの2
隻は地球で活発に活動することになるだろうと。そして、
地球にやってくる異星人たちは自分たちの存在を明らかに
し、地球側のディスクロージャーをサポートするつもりで
もあるとのこと。現在、彼らは夢の中で人間の意識の中に
入ってきており、異次元レベルで地球をきれいにする手伝
いもしているそうです。このような巨大な惑星解放のプロ
セスが進行中であることを語っていました。さらに、これ

II

ディスクロージャーは今すぐそこに！　人類の種の起源
「シーダーズ」の来訪で宇宙時代がスタート！
Dr. Michael Salla　Dr. マイケル・サラ

らのシーダーズが地球アライアンスのさまざまな国の代表
とすでに会っているというのです。

美代子　そうなのですね！　実は、私もジェームズさんに
インタビューをしたことがありますし、実際にジェームズ
さんの施設に2007年頃に訪問して滞在したことがありま
す。その時、ジェームズさんから直接いろいろなお話をお
聞きしただけでなく、現地でたくさんのUFOをこの目で
見て感動しました。それにしても、シーダーズたちがやは
り地上アライアンスの代表と会っているのですね⁉　その
ことが確認できてうれしいです。

マイケル　他にも、アンドロメダとのコンタクト歴の長い
アレックス・コリエーは、木星の衛星であるギャニメイド
の近くには数千年前から存在する大きな地球外施設が幾つ
かあり、そこで多くの活動があったことを確認していま
した。アレックスいわく、アンドロメダ人によると人類
は22の地球外文明の遺伝子を含むハイブリッド種である
とのこと。彼はまた、ギャニメイドがアンドロメダ人の前
哨基地（最小限度の規模で設置される前線の基地）として
利用されているとも言っていました。エレナがコンタクト

する銀河連合のソー・ハーン＊によると、2021年10月に銀河間連合の大艦隊が木星の裏側のポータルを使って太陽系に到着してギャニメイドに停泊したそうです。ジャンもまた、地球外生命体のコンタクトであるヴィクターから、「地球上に古代文明を築き上げたシーダーズ種族が到着した」というメッセージを受け取ったと言いました。さらには、デイビッドも人類を観察し支援するために太陽系にやってきた大規模な船団が存在していることを確認しています。

＊ソー・ハーン

エレナが幼い頃、グレイに拉致されてインプラントを埋められた際に彼女を助けてくれた銀河連合のメンバー。エレナが18歳になって以降、ソー・ハーンと直接のコンタクトがはじまる。

（画像はエレナ提供）

美代子　すごいですね。皆さんの証言がどれも一致してい
ますね。つまり、もうすでにディスクロージャーがはじ
まっているということですね。これから、人類はいよいよ
大きな変化の時を迎えることになりますね。すべての人に
とって重要なこの移行期を支援するためにシーダーズが来
てくれたのですよね！

マイケル　はい、その通りです。

これから起きる
ディスクロージャーについて

美代子　となると、いわゆるメディアのニュースとして出
るような公式なディスクロージャーは現実的にはいつ頃起
きそうですか？

マイケル　そうですね。まず、ディスクロージャーには2

つの種類があります。1つは計画されたものであり、もう1つは偶発的なものです。計画されたディスクロージャーとしては、赤外線観測用宇宙望遠鏡である「ジェイムズ・ウェッブ・テレスコープ*」からの情報開示です。将来的に、この宇宙望遠鏡がさまざまな宇宙のデータを出してくるでしょう。これにより、他の太陽系での地球外生命体の存在がわかるようになるだけでなく、この太陽系にも生命体がいることもわかるようになるでしょう。そんなふうに、少しずつステップを踏んで開示が行われていくのだと思います。その流れの中で、実は古代の宇宙テクノロジーもあったというようなこともわかってくるでしょう。

美代子　ジェイムズ・ウェッブ・テレスコープのことも大事ですが、今年（2023年）の1月にエレナさんがディスクロージャーに関して爆弾情報を出しましたね！　これに

＊ジェイムズ・ウェッブ・テレスコープ
(James Webb Space Telescope: JWST)

ジェイムズ・ウェッブ宇宙望遠鏡は、NASAが中心となり開発を行う赤外線観測用宇宙望遠鏡のこと。ハッブル宇宙望遠鏡の後継機として2021年12月に打ち上げられた。NASAの第2代長官ジェイムズ・E・ウェッブにちなんで命名された。この宇宙望遠鏡の役割は、宇宙が誕生するビッグバンの約2億年後以降に輝きはじめたとされるファーストスター（種族Ⅲ）を初観測すること。

ついて博士がその情報についてフォローされていました
が、これについてご紹介いただけますか？

マイケル　はい、わかりました。エレナの最新情報では、
アメリカのブルーリッジ山脈（アパラチア山脈の一部で
ジョージア州からペンシルベニア州にかけて走る山脈）の
地下軍事施設で、ETの情報公開に関するハイレベルな会
議が行われているというものでした。これは、銀河連合の
ソー・ハーンと米軍が関わっているものです。ブルーリッ
ジ山脈は550マイル（885キロメートル）にも及ぶ大きな
山脈ですが、ここには軍事施設の「レイヴン・ロック」と
「FEMA（アメリカ合衆国連邦緊急事態管理庁）」の「マ
ウントウェザー」という2つの軍事地下基地があります。
ちなみに、ソー・ハーンが実際にいた秘密施設は、レイヴ
ン・ロック基地である可能性が高いと思いました。ソー・
ハーンがそのビジョンをエレナに想念で送り、エレナがそ
の様子をスケッチに描いたのです。この時、ソー・ハーン
は銀河連合からの指令をある小型のデバイスに入れたもの
を渡したようです。それはペンケースよりも少し長いもの
で、それをある将軍に渡したようなのですが、エレナが想
念でチェックしたところによると、その将軍とはグレン・

D・ヴァンハーク元帥のことだと思います。彼は「アメリカ北方軍（United States Northern Command)」及び「北米航空宇宙防衛司令部（NORAD）」の司令官です。アメリカ北方軍とは米国の利益を守り確保するために国土防衛、市民支援、安全保障協力を行う組織であり、北米航空宇宙防衛司令部は北米の防衛のために航空宇宙警報、航空宇宙管制、海上警報を行う組織であり、非常に重要な任務についている方と言えます。どちらにせよ、この２つの基地は共に「連邦政府存続維持計画＊（COG: Continuity of Government)」を遂行するための大事な拠点です。とりわけ、レイヴン・ロックは国家的な緊急事態に軍事作戦を実行するために使用される可能性が高い場所です。その場合、グレンは非常に高い権限があるので、異星人の情報の公開も可能になるはずです。つまり、レイヴン・ロックは反重力船や銀河連合などの異星人が地球を訪問する際に宇宙船の着陸する基地であるという可能性も高くなったというわけですね。2023年には、秘密宇宙プログラムや地球に異星人が来ていることの情報がいよいよ公開されそうですね。ディスクロージャーもかなり前倒しになっている気がします。

美代子　なるほど。連邦政府存続維持計画の話は博士もされていたので、とても参考になりました。2020年の大統領選は海外からの干渉があったのは明白で、クーデターに等しいと私は思っています。そういう緊急事態ですので、アメリカの権限が米軍に移ったと囁かれていましたがその通りですね。確かに、FEMAはマウントウェザーにありますし、どうやら、そこにある基地の将軍が地上アライアンスの中心のようですね。コロラド州のシャイアンマウンテンの北米航空宇宙防衛司令部では、トランプさんが米軍や地上アライアンスと協力して水面下で指揮を出しているのではないかと思っていたので、そのことも裏付けてくださいました。とにかく、エレナさんや博士のおかげで、いち早くこのような情報がわかって大変感謝しています。私もうれしくて、すぐにこの情報を自分のYouTubeチャンネルにアップしました。JPさんも反重力船の話をされていましたし、このような情報がまず何かの形で皆さんに公開されるのかもしれないですね。

＊連邦政府存続維持計画

連邦政府存続維持計画（COG: Continuity of Government）とは、アメリカ合衆国において、核戦争や有事、国家にとって壊滅的となる状況の時、政府の存続を図る計画。

マイケル　はい、そう思います。

アメリカのジョージア州からペンシルベニア州にかけて走る山脈、ブルーリッジ山脈にある地下軍事施設で銀河連合との会議が行われているという。

（画像はマイケル博士提供）

古代のアークが 活動を開始した理由

美代子　ディスクロージャーといえば、今後のディスクロージャーにも関係してくるといわれている巨大な宇宙船である「古代アーク」が活動を開始しているんですよね？かつて人類の種の起源になったアヌンナキのエンキが地球に戻ってきた話などもありますが、衝撃的ですね！

マイケル　はい。今、アークが活動を開始しています。なぜなら、銀河間連合が2021年の秋に太陽系に到着したからです。おっしゃるように、アヌンナキのエンキも戻ってきました。

美代子　エレナさんは彼女の著書である『シーダーズ（SEEDERS）*』の中で次のように説明していますね。「アークとは、古代の地球外生命体が残した宇宙船のこと。その多くは、ポッド（冬眠カプセル）の中に乗組員が収容されており、船内には高度な技術も搭載されている。またほとんどの場合、宇宙船であるアークが到着した場所の周

辺には、建設された古代の建築物群がアークを取り囲んでいる。さらには、アークはその起源の文化の違いによって、船体が円盤状や円筒状の形をしていることもある。アークの大部分は銀河連邦の船であるが、アヌンナキの船も見られる」とのことですね。

マイケル　聞くところによると、アークの中には1200メートルもの長さがある船もあると聞いています。

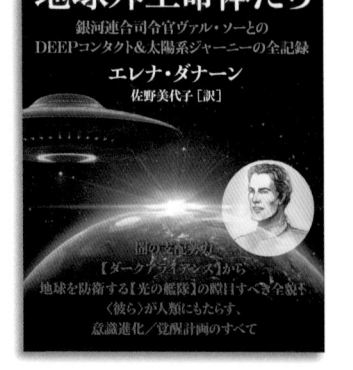

＊シーダーズ（SEEDERS）

エレナの著書『シーダーズ（SEEDERS）』と著者が翻訳した『心優しき地球外生命体たち』（ヒカルランド刊）。

美代子　すごいですね！　1200メートルもの長さがある
となると、すでに１つの街のサイズくらいの大きさです
ね。

マイケル　はい、一番大きなサイズのアークは、大西洋の
バミューダの海底にあるものです。そして、ウクライナに
あるアークがその次くらいの大きさのようです。

美代子　そうなのですね。ちなみに、闇側もアークの存在
を知っていたのでしょうか？

マイケル　はい、闇側のカバールはアークの存在に気がつ
いていました。そして、アークの中に何があるのかを探ろ
うとしていたのです。しかし、彼らが中に入ろうとした際
にはアークは活動しておらず、中にも入れないので調査が
できなかったようです。

美代子　闇側がアークの中に入れなかったと聞いて安心し
ました！　ところで、古代のアークというのは、どれも同
じような感じのものなのでしょうか。

マイケル　いいえ。それぞれが異なる特徴を持っていま
す。たとえばそのアークがテクノロジーのため、生物学の
ため、植物学のため、考古学のためなど、各々の目的に
よってその構造にも違いがあります。さらに、アークには
古代の言語や文明も搭載されています。基本的に、これら
のアークには人類がその準備ができた時のためにさまざま
な情報が保存されています。アークについて、エレナは
2022年1月にソー・ハーンから次のような情報を受け取っ
ています。

　ソー・ハーンは、「ついに地球連合は、銀河連合とナタ
ル銀河連合（天の川銀河の連合）と共に練り上げた計画を
発表し、今日まで隠されていたものを暴露するでしょう。
これらのアークには、いつかこのタイミングが来た時のた
めに、植民地の栄光を再建するために必要な重要な情報が
保存されていたのです。シーダーズは、この星系で敵がす
べての権力と財産を失った時に到着する予定でした。そし
てついに、その時が来たのです！　シーダーズの帰還は長
い間地球人に隠されてきた知識を受け取る準備ができた時
に起きるのであり、これは新しい時代のはじまりを意味し

ます。すべてを変えるほど素晴らしい技術がこれらのアークの中にあります。たとえば、その1つにクリスタル・テクノロジーがあります。地球人はまだクリスタルの全能力を発見していません。コアエンジンの動力源はクリスタルであり、流体クリスタルのポータルやタイムデバイス、ピラミッド型エネルギー発生器など。すべてがナノクリスタルで作られたものです」と述べています。

美代子　そうですか！　シーダーズが太陽系に到着したことは喜ばしいですね！　宇宙の最先端技術のクリスタル・テクノロジーについても楽しみです。

マイケル　はい。JPによると、大西洋や月にあるアークに入った時、その中の結晶は天然石のモルダバイトでできていると言っていましたね。その空間からは心地よいバイブレーションが生み出されていて、意識の高揚に役立っているとのことでした。

美代子　そうなのですね。とにかくここ最近は、エレナさんやアレックス・コリエーさん、JPさんなどから銀河間連合だけでなく、アヌンナキのエンキが戻ってきたことな

どについて、すごい情報がどんどん出てきていますね。このエンキの帰還について博士が他にご存じなことがあれば教えていただけますか？

エンキの帰還により
人類のDNAが修復される!?

マイケル　わかりました。まず、エレナは2021年の9月に実際にエンキに会っているのです！　彼女によると、エンキは9フィート（約2.7メートル）もの身長がある巨人で、細身でメタリックなスーツを身につけていたそうです。エンキは不死の存在でもあり、パワフルで偉大な叡智を持つ存在であるとのことでした。彼女はエンキとはテレパシーで交信したそうです。

美代子　さすが、エレナさんですね！　私も彼女の最新作の『シーダーズ（SEEDERS）』を翻訳しているので、その辺りのことは知っていますが、エレナさんは何かあるた

びに、真っ先にマイケル博士に報告されていますものね。

エレナが会ったというエンキのスケッチ。お互いにテレパ
シーで交信したという。

（画像はマイケル博士提供）

〜〜 以下、エレナの『SEEDERS』より一部抜粋 〜〜

　アヌンナキが地球に来る前に、もっと古く、もっと
賢く、もっと知識のある者たちがいました。例えば、
パ・タール種族。すなわち銀河系連合の一部である
24のシーダーズ文化です。
「シーダーズ」の他の呼び名は、「ファウンダーズ
（創設者）」または「ガーディアン（守護者）」です。
星間貿易において、DNAは通貨です。ある特定の種
が22種類の異なるエイリアンのDNAを含んでいる
場合、その血液は銀河系やその他の地域で最も貴重な
ものになるのです。

　シュメールの粘土板によると、管理植民地間の大戦
争で地球上の生物のほとんどが絶滅したとき、エンキ
は、アークの中に地球の遺伝的遺産を保存した神であ
るといわれているのです。

　このアークは、地球固有の動物を乗せるだけでな

く、地球上の生物多様性のDNAサンプルを集めて運んだ宇宙船なのです。これらのサンプルの一部は、遠く離れた銀河の宇宙のDNAバンクに安全に保存され、他のサンプルは、地球に降り注ぐ荒廃の後に地球を再繁殖させるために役立つのです。

エンキは自分のDNAから最初のアダムを作りました。このことから、エンキが自分を"父"と表現する理由がわかります。エンキは神様ではなく科学者であり、自分の創造した人類に大きな期待を寄せていました。しかし、彼の異母兄エンリルは別の計画を立ててアダムを奴隷種族にしようとしたのです。

それで、恐ろしい壊滅的な戦争がはじまりました。その結果、エンキとその科学者チームは地球から逃亡したのです。エンリルの民は今日まで地球に留まり、主要な社会の権力構造に深く入り込んでいます。しかし、エンリルの手先がテラの支配権を失った今、エンキはシーダーズ種族を味方につけて戻ってきたのです。

マイケル　はい。エレナからはよく報告を受けています
よ。ここで少しエンキと古代の地球についてご説明してお
くと、エンキの異母兄であるエンリルは、紀元前9600年
頃に地球に大洪水を引き起こしました。エンリルは人類が
あまりにも早く進化しすぎて、支配者であるアヌンナキに
とって大きな問題となったため、人類は根本的に淘汰され
る必要があると考えたのです。その結果、エンキは中核と
なるアヌンナキの科学者チームを引き連れて太陽系を去り
ました。しかし、彼の信頼する12人の同僚のアヌンナキ
の科学者たちは地球の古代アークに残され、人類にとって
適切なタイミングでエンキが戻ってくるのを待つために冬
眠に入ったのです。ところが最近、エンキが太陽系に戻っ
たことで、かつての科学者仲間たちが古代アーク内のカプ
セルから目覚めつつあるというのです。またここ数年、エ
ンリルとその取り巻きによって、ワクチンなどで人類の
DNAにダメージが加えられました。それを元に戻すため
に、人類のオリジナルであるアダムのDNAの設計図を持
ち帰ったと聞いています。

美代子　なんと、人類のDNAが修復できるとしたらこれ
ほどの朗報はないですね！　ワクチンによる人体への被害

については、やはり心配ですものね。ちなみに、JPさん
はいつから古代アークのミッションに携わるようになった
のですか？

マイケル　JPは2021年12月下旬から月、火星、地球、
そして太陽系の他の場所で発見された古代のアークに関す
る情報を受け取りはじめたのです。

美代子　そうでしたか。JPさんご自身は、どこのアーク
に行かれたことがあるのですか？

マイケル　彼は2021年12月のある早朝、宇宙船で月の秘
密研究施設に送られた後、月面の下にある巨大な宇宙アー
クに連れて行かれたと語っていました。

美代子　まあ、月にも古代アークがあるのですね！　アー
クに関しては、月がJPさんの最初のミッションなのです
ね。その次は、地球にあるアークでしたよね!?

バミューダ・トライアングルの地下にあるアーク

マイケル　はい、そうです。彼は、その翌月の2022年1月に今度は大西洋に沈む宇宙のアークに陸軍の秘密ミッションで渡航して以降、合計3回行っています。3回目のミッションの話をすると、彼が勤務する基地で受けたブリーフィングからはじまり、軍の輸送機であるオスプレイ垂直離陸機でバミューダ・トライアングル近辺の大西洋上の大きなドーナツ型をしたプラットフォームへと連れて行かれたそうです。その海底の真下に古代アークがあると言っていました。アークの大きさは長さ1マイル（1.6キロメートル）以上で卵形と推定されます。バミューダ・トライアングルから脈打つエネルギーフィールドがあるそうで、そのせいで空を飛ぶ航空機に影響が出たりするのですが、オスプレイは特別なので大丈夫だったそうです。そのような特別なエネルギーがこの場所から出ているのは、海底の古代アークが時々アクティブに動くからだそうです。

美代子　もしかしたら、これまでバミューダ・トライアン

グルで行方不明になってきた飛行機や船は、このことが原
因なのかもしれないですね!?

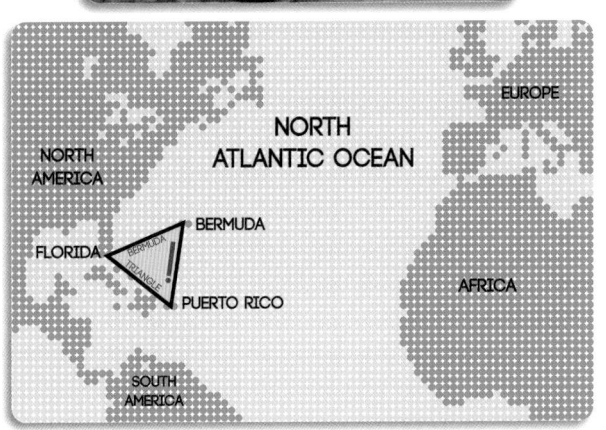

バミューダ、フロリダ、プエルトリコを結ぶ3角形のエリア、
バミューダ・トライアングルの地下にもアークがあるといわ
れている。

（上の画像はマイケル博士提供）

マイケル　JPいわく、何かが古代アークに近づくと反応して活動がオンになるそうです。

美代子　長年ミステリーになっていたバミューダ・トライアングルの謎もこれで解けたというわけですね。面白い世の中になりました！

マイケル　JPは、今はその場所のアークが完全に活動を開始したというのです。その近辺には巨大な海軍の船（プラットフォーム）が停泊しているそうです。こうしてアークにミッションの兵士たちが出入りすることで、ますますアークが活性化され、それがまた他のアークにも影響を与えているそうです。

美代子　このアークのミッションには、米国以外の国も参加しているのでしょうか？

マイケル　他の国も参加する時があったようですね。多国籍ミッションのメンバーは、主に米国と中国とアステカの先住民のグループでしたが、ソ連軍もミッションに参加

したことがあるそうです。たとえば、3回目のミッション
のメンバーは軍人だけでなく、科学者や考古学者などの専
門家8人も入れた20人だったそうです。もちろん、事前

プラットフォームの
上に着くオスプレイ。

海上にあるプラット
フォームのイメージ。

海底のアークの
イメージ。

（画像はマイケル博士提供）

にトレーニングを受けた人たちです。現場は大気も気圧も違うからです。海軍の船が停泊している隣にはTR3B（米空軍機）も2機ほど駐機していたらしいのですが、その場にいた全員がTR3Bに圧倒されていたそうです。彼らがエレベーターに乗ろうとした時に、そのうちの1機が浮上して、勢いよく月へ目掛けて飛び立って視界からすぐに消えたことで、そこにいた皆がびっくり仰天していたとJPが言っていました。

米空軍が開発したいわゆる地球製UFOと呼ばれているTR3B。

（画像はマイケル博士提供）

美代子　そのアークへは、エレベーターで降りて行くとどんな感じだったのでしょうか？

マイケル　それは、JP にとっては 3 回目のミッションでしたが、エレベーター内からすでに心地よく、特に 3 回目の時には初めて素晴らしい音の波動が感じられたそうです。具体的には、何か歌声のようなものが聞こえてきていい気持ちになったそうです。すると、ある考古学者がその歌は何千年も前のものであり、その旋律がアークに記憶されたものが聞こえてきているのだと説明されたのです。

美代子　不思議ですね！　ヨーロッパの大聖堂の讃美歌などのように神聖な感じがしたのでしょうね。

マイケル　そうらしいですね。それはまるで天使の歌声や天使が奏でる楽器の音のようにも聞こえ、その場にいる人たちの全身にその波動が伝わるのだそうです。

美代子　素敵ですね。身体の全細胞が癒やされそうで最高です！　その場にある象形文字などはどうでしたか？

マイケル　ある部屋の壁は天然石のモルダバイトのような
もので出来ていて、そこには多くの象形文字が刻まれてい
たそうです。また、他の部屋の天井には銀河系の地図があ
り、参加した考古学者が写真を撮っていましたが、それ
をJPも見たらしく驚くべき遺産だと話していました。ち
なみに、その象形文字は月でもウクライナでも同じものが
あったらしく、考古学者にはそれらの文字をある程度解読
できたようです。JPはギャニメイドの図書館でも同じよ
うな象形文字を見たらしいですね。

美代子　きっとすべて同じ文化と関係していたのでしょう
ね。ちなみに、アークの周りには何かあるのですか？

古代のアークに遺されていた象形文字。　（画像はマイケル博士提供）

マイケル　アークの近くには街もあるそうですよ。

美代子　すごいですね、もっともっと知りたいことだらけ
です。あと、メキシコのアステカ先住民のグループだけが
最初にアークに入れた話をしていただけますか？

マイケル　はい。JPによると、最初のミッションでは、
メキシコのアステカ先住民のグループが参加した際に、
アーク内の象形文字に書いてある言葉に感動して涙を流す
人もいたということです。そして、アークに入る時には彼
らだけが知っているあるフレーズを歌ったことで、アメリ
カや中国の兵士よりもはるかに遠くまで入っていくことが
できたといわれていますね。

美代子　その特別な言葉が、「ア・クーリア・マテ」です
ね！　これは、どういう意味なのでしょうか？

マイケル　「天国と地のポータルよ、開け」という意味だ
と思われます。

美代子　JPさんがアフリカの太鼓の音に合わせてそのフレーズを唱えた映像を博士がYouTubeにアップされていたので、私も字幕をつけて自分のチャンネルで紹介させていただきました。ありがとうございます。確かフロリダのコンベンションでも会場で皆さんと一緒に歌われましたよね？

マイケル　はい。会場が素晴らしい波動に包まれましたね。

美代子　皆さんが一同になってアークに影響を与えたというのも素晴らしいですね。あと確か、アーク同士はポータルでつながっていると聞きましたが……。

マイケル　はい、そうです。JPによると、大西洋のアークと太陽系内のアークをつなぐ強力なポータルが存在するといわれており、基本的にはすべてのアークがポータルでつながっているようです。彼いわく、大きな部屋の空間の真ん中に浮かぶ青い球状の水がポータルだったこともあると言っていましたね。しかも、それはミニバンくらいの大きさだったとのことです。

II

ディスクロージャーは今すぐ〜に！ 人類の種の起源
『シーダーズ』の来訪で学〇時代がスタート！
Dr. Michael Salla Dr. マイケル・サラ

美代子　部屋の真ん中に浮かぶ青い水の球体＊がポータル
だったという話は、確かジャンさんもされていました。

マイケル　JPによれば、アークの部屋ごとに活動が再開
されていて、部屋ごとに重力も違ったそうです。重力がな
い部屋ではすべてのものが浮いてしまうそうで、人間も当
然空中に浮いてしまったようです。古代では、そういう部
屋では無重力のトレーニングをしていたようですね。ま
た、アークの内部では、時空が変化することで、移動に顕
著な影響を及ぼすとも言っていました。たとえば、手を
振っただけで複数の手が空中をゆっくり動いているように

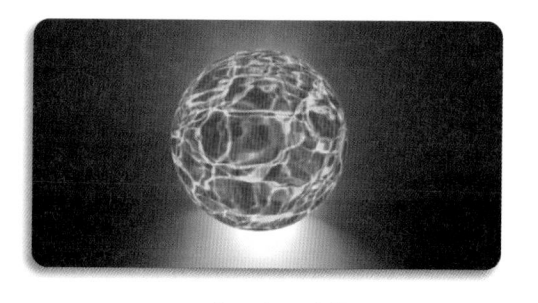

＊青い水の球体

アークのある部屋の真ん中にポータルの役目を果たす青い水の球体
のようなものが浮いていた。

（画像はマイケル博士提供）

見えることもあるらしいです。

ウクライナにもあるアーク

美代子　詳しい説明をありがとうございます。他にも、JPさんは2022年2月にウクライナのアークのことをマイケル博士に報告していますよね？

マイケル　はい、その通りです。古代アークはウクライナに2カ所あるようです。ウクライナの砂漠地帯に埋もれている宇宙アークに関しては、カバールが何年も前から入りたがっていたので、その活動が開始されたことで、2022年2月24日にウクライナに対するロシアの軍事介入が起きた可能性が非常に高いとJPは話していましたね。

美代子　ということは、ロシア軍はウクライナのアークの中に入れたということになりますか？

Ⅱ

ディスクロージャーは今すぐここに！人類の種の起源
『シーダーズ』の来訪で宇宙時代がスタート！
Dr. Michael Salla × マイケル・サラ

マイケル　はい、そのようです。これに関してはJPから
だけではなく、ソー・ハーンを通じてエレナからも聞いて
いますが、北ロシアにもアークがあり、そこはプーチンが
すでに抑えているそうです。2022年3月に、ロシア軍は
ウクライナ南部のヘルソン州にあるオレシュキー砂漠の下
にあるアークを抑え、すでにそこも地球アライアンスの支
配下にあることが確認できています。プーチンは光側の異
星人からアークのテクノロジーの正しい使い方を教えても
らっているようです。

美代子　なるほど。そうすると、地球上の古代アークはウ
クライナと大西洋以外にはどこにありますか？

マイケル　今のところわかっているのが、ロシアの北部、
中央ヨーロッパ、太平洋、ブラジル、南極のボストーク
湖、アメリカにそれぞれ1つずつ、あと他の国にもあるよ
うですが、そのあたりはちょっと不明です。

フロリダのアークと
アヌンナキの科学者

美代子　そんなにもあるのですね。ところで、世界中の
アークの中に眠っている12人のアヌンナキの科学者（乗
務員）たちは無事なのでしょうか。

マイケル　私が得た情報によると、12人のうち4体は破
壊され、1体は拘束されているとのことですね。つまり、
7体は手つかずのまま保管されていたのですが、そのうち
の4体が今、起動中であるとのこと。その4体のうちの1
体が古代メソポタミアの男神で豊穣や復活の神として知ら
れる「ニンギシュジダ」です。名前をオープンにして知ら
せることはその存在の活性化につながることから、ふさわ
しいタイミングが来るまでそれぞれの名前は明かせないの
です。

美代子　そうなのですね。フロリダの洞窟にもアヌンナキ
の巨人がいたのですよね？

マイケル　はい。JP がフロリダの洞窟で目撃した存在は
ニンギシュジダと名付けました。この存在は、かつて「ク
クルカーン ケトコト ビラコチャ」などと呼ばれていたそ
うです。ビラコチャはインカの創造神で巨人だったといわ
れていますね。昨年秋のフロリダのイベントは、アステカ
のシャーマンの指揮のもとで、フロリダの洞窟の巨人の活
性化のセレモニーが行われました。

美代子　実は、私もそのイベントに参加するためにチケッ
トを購入していたのですが、ワクチンを接種していないの
でアメリカに渡航できず、参加できませんでした。残念で
す。

マイケル　そうでしたか。現地でお会いできればよかった
ですね。

JPが訪れたというフロリダの洞窟のアーク。
そこにはすでに地上では見られない古代の珍しい植物や
昆虫などが保存されて息づいていたという。

（画像はマイケル博士提供）

巨人を守る異星人の「アリ族」。

たぶん45分〜1時間くらいは
かかったと思います

II

ディスクロージャーは今すぐここに！ 人類の種の起源
「シーダーズ」の来訪で宇宙時代がスタート！
Dr. Michael Salla Dr.マイケル・サラ

この植物は 数秒おきに
ポッと火を吹き出し

アクティベーション・コードのことですね？

「生命の樹」。

Recovering Stolen seeds from a Tree of Life and
activation of a sleeping giant in Iraq

まるで虫と植物が
一体化しているようでした

イラクのアークに眠る
巨人の科学者たち

美代子　そういえば、先ほど地球上にあるアークの場所を
教えていただきましたが、イラクにもアークがあったので
すよね？

マイケル　はい。これもJPからの情報ですが、JPはイラクで発見されたもう１つの冬眠カプセルにいた巨人が古代には王であったことや、彼が2022年８月末に訪れたバミューダ・トライアングルの海底都市に眠る第３の巨人とイラクの巨人には関連があることも教えてくれました。エレナにJPの最新情報を伝えた後、エレナからメールをもらったのですが、ソー・ハーンが次のような情報をくれたそうです。

「このイラクの巨人は、エンキの科学者チームのもう１人だと思われます。また、この巨人はブセギ（ルーマニアにある山脈）とチベットにリンクしている"記録の館（ホール・オブ・レコード）"を守っており、そこには高度な量子ホログラフィックでできたアークもあります。かつてのイラク戦争の目的は、このアークを手に入れることであり、イラクのこの場所がいわゆる地球の"すべての中心"でもあるのです。さらに面白いことに、アークの場所は古代シュメールの都市ニップルに隣接しており、そこはエンリルとその息子ニヌータが住んでいた都市です。そこにはアヌンナキが持っていた最先端の技術が隠されている他、宇宙港や軍事基地があり、幾つかの船はまだそこにありま

す。また、良いニュースとしては、つい最近、地球アライアンスがそこを確保しました。ニップルは眠れる巨人が発見された場所の1つでもあり、非常に重要です。この眠れるイラクの巨人の名前をアルンナと言い、アルンナは当初はエンリルに仕えていた先端工芸技術のチーフエンジニアでしたが、最後はエンキに協力してエンキと行動を共にするようになりました。そこに保管されている技術は重要で珍重されており、それほど遠くない場所にポータルであるスターゲートが埋められています。銀河系につながるネットワークであるこの古代都市の中央ポータルは、他の古代の場所のマイナーなポータルともリンクしています」とのことでした。ソー・ハーンは、「今後はもっと多くの巨人についての情報が明らかになる予定ですが、まだ、今のところ正確な場所は公表できない」とも言っていたとのことです。

美代子　イラクは地球上において、とても重要な場所なのですね。そして、すべてのことにタイミングというものがあるのですね。

マイケル　はい、そのようです。私はスターゲートについ

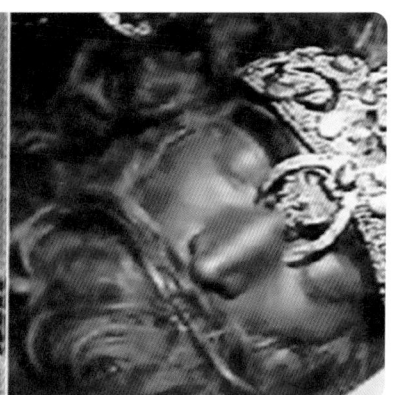

眠っているアヌンナキの科学者の顔は遺されたシュメール
の彫刻とも顔が似ている。

（画像はマイケル博士提供）

ても、2003年のアメリカと連合軍によるイラク侵攻の本当の理由は、ブッシュ政権がイラクにあるスターゲートを制御するためだと書いていたのですが、それは正しかったようです。

アークを起動できるのは特別なDNAと周波数を持つ人

美代子　さすが博士ですね！　それにしてもすごい時代になりましたね。これらの眠れる巨人の科学者たちが目覚め

サラ博士はアメリカのイラク侵攻の理由は、イラクのスターゲートを制御する目的だったというレポートを書いていたが当たっていた。

（画像はマイケル博士提供）

II

ディスクロージャーは今すぐに！ 人類の種の起源
『シーダーズ』の来訪で新時代がスタート！
『The Michael & Sally』マイケル・サラ

れば、人類を新たな黄金時代へと導いてくれるのですね！
ただし、そういった古代アークを起動するためには特別な
DNAや周波数を持ってないとダメなわけですよね。これ
に関しては、JPさんやエレナさん、ジャンさんたちがこ
の部分をクリアしているわけですね。

マイケル　はい、そうです。古代アークに入れるのはその
3人以外に、『トランシルバニアの夜明け』という書物の
シリーズの著者であるルーマニアの諜報機関の高官だった
ラドゥ・シナマーという人も、同様にさまざまな古代技術
を探求するミッションへの参加を許可されています。ルー
マニアの山岳地帯の地下にあるホログラフィックな「記録
の館」から、埋もれていた技術につながることができるの
です。この場所はエジプト、チベット、イラクにある同様
のホールとリンクしています。

美代子　この記録の館について、もう少し詳しく教えてい
ただけますか？

マイケル　わかりました。記録の館のルーツをお話しする
なら、アトランティスや古代エジプトの時代にまでさかの

ぼる必要がありますね。世界史の中で、価値のある情報や科学的な発見があると、常にフリーメーソンのエリートたちがそれを真っ先に自分のものにしてきたという歴史があります。あのアメリカの神秘主義者でヒーラーとしても知られているエドガー・ケイシーも、1930年代に「古代の記録館」という言葉でこれについて語っています。エドガーは「エジプトのギザにある記録の館」、「バハマのビミニの水面下」、ペドロ・ネクロス・グアテマラの3カ所に記録館があると語っていました。これらの古代の記録館はそれぞれ高度な知識と技術を持つアトランティス人が持ち込んだものであり、アトランティスが滅びる直前に保存したといわれています。アトランティス人は地球に大洪水とポールシフトが起こることを知っていたのです。実は、アトランティスを築いたのはシーダーズであり、彼らから警告を受けていたのでした。洪水の前にアトランティス人の一部はエジプトなどの安全な場所に移住し、新しいコロニーを作り、ピラミッドやその他の石造りの建造物や広大な地下施設などを建設したといわれています。

美代子　アトランティス人が、このような記録を残していることはあまり知られていないですよね。

マイケル　ええ。さらにそれ以前の古い文明が残した記録も保存されているのです。地表から地球内部（インナーアース）へと逃亡していった人たちの記録です。旧約聖書の１つに『エノク書』がありますね。その内容とは、大洪水前のヘブライの家長の１人であったエノクが天使に連れられて天国へ行き、さまざまな天の存在たちと出会ったことが書かれています。実はエノクは地球外生命体だったのです。地球外の複数の場所に連れて行かれ、大洪水後の人類の文明を再建するためのその知識・技術を与えられていたのです。そして、エノクは360冊の本を書きました。これらの書物は、エノクの息子であるメフセラによって安全に保管され、エノクの別の息子メトシェラ（ノアの祖父）が「メルキゼデク修道会」を設立したのです。このように、古代の叡智を伝える伝説と異世界のテクノロジーが記録館に保管されているという伝説があるのです。

美代子　アトランティスよりも古い文明の記録も保存されているのですね！　すごすぎます！　では次に、ルーマニアの記録の館のお話もお願いします。

インナーアースの「記録の館」に古代の叡智が保存されたという。画像はインナーアースのイメージ。 （画像はマイケル博士提供）

隠されていた
ルーマニアの記録の館

マイケル　はい。記録の館として代表的なルーマニアの館は、2003年8月にルーマニアのブチェイ山で発見され、現在はルーマニアの秘密部隊によって研究されています。面白いことに近年、地球上にある記録の館を体験したとか、目撃したという人が続々と名乗り出てくるようになりました。これらの場所に関わる重要な技術として「時空間ポータル」が存在します。このポータルがあれば、地球と太陽系の他の惑星を瞬時に行き来することができるのです。これらの記録の館を造った人たちは、精巧なプロトコルと安全対策を確立しています。先ほどもお伝えしたように、正しい遺伝子と周波数を持つ者、つまり、覚醒したスターシードだけがこれらにアクセスすることができ、眠っている高度な技術を起動させることができるのです。もちろん、人類がそれを受け取る準備ができる日までそれらは保管されていますけれどもね。将来的には、エジプト・スフィンクスで発見された1万枚の石のホログラフィック・ディスクが発見される予定のようです。あと、記録の館は

他には南極のボストーク湖にもありますね。

美代子　記録の館もアークと同じような感じで、人類のために古代の叡智やテクノロジーが隠されていたのですね。そして、やはり特別な人しかそれらの記録にアクセスできないというので安心です。これらについては、どこまでも探求したくなりますね！

ギザのピラミッドの地下へ行ったジャン

美代子　ところで、ジャンさんはエジプトのギザにあるピラミッドの地下にも子どもの頃にテレポーテーションで行かれていますよね!?　すごいですよね。その時の絵を少年時代のジャンが描いているものが残っていますが、そのスケッチは博士に渡されたと聞いています。

マイケル　はい、そうです。ジャンがまだ8歳の時の話な

ポータルのイメージ。

洞窟を探検する JP。

ルーマニアのブチェイ山の地下にもアークが存在するという。

（画像はマイケル博士提供）

ので、大変驚きました。それこそ今、ジャンが行った場所
が注目されているわけですが、彼は46年前にすでにそこ
に行っていたのですね。これはすごいことです！

美代子　ということは、ジャンさんはすでに8歳の時から
今の古代アークのミッションの準備をしていたと言えます
ね。

マイケル　はい、そのようですね。エレナもエジプトで考

ジャンが子どもの頃にエジプトのピラミッドの下へテレ
ポーテーションした際に戻ってきて描いた絵。

（画像はマイケル博士提供）

古学者をしていた人ですし、ソー・ハーンに連れられて
1990年代にもギザに行っています。要するに、ジャンも
エレナも偶然にもその同じ場所のまったく同じ時刻にテレ
ポーテーションしていたのです。

美代子　面白いですね！

マイケル　そして翌日、2人から別々にその時の体験の
メールが私に届いたのです！　彼らからのメールを読む
と、同じところでの体験だとわかりました。というのも、
その場所ではお互いに別々の部屋にいて、近くにいたにも

スフィンクスの地下にも「記録の館」があるといわれている。

（画像はマイケル博士提供）

かかわらず、お互いに遭遇はしていなかったのです。

美代子　それはすごいシンクロですね！　そんなことにも、何か大きな意味がありそうです。それにしても2人とも古代アークに入れる DNA があるというのも素晴らしいですね。

アイルランドへの
テレポーテーション

美代子　では、ここで少し話題を変えて、ジャンさんのアイルランドへのテレポーテーションの話をお聞きしたいのですが……。

エレナとジャンが博士のチャンネルでテレポーテーションの体験を語る。

（画像はマイケル博士提供）

マイケル　はい、わかりました。まず、カナダ在住のジャンは2022年3月のある晩に、『サウスショア・オリジン2』という映画の作品の制作に取り組んでいました。ところが、作業中に頭がクラクラしてきたので、オフィスのソファーに横になろうと立ち上がった途端に突然、気を失ったのです。そして、気が付いた時に目を開けると、なんと彼は遥か遠いアイルランドにいて、その場所は偶然にもエレナの自宅の近くだったのです。ここで少し話が食い違っているのは、エレナはその日のことを2022年1月21日だと言っているんですけれどね。

　とにかく、その場にいたエレナがジャンの手を握って、「家族に紹介するわよ」と言った直後に、気づけば2人揃って大きな宇宙船にテレポートしていたのです。その場所は、宇宙が一望できる大きなコントロールルームだったらしいのですが、エレナがジャンに「ほら、きれいな景色でしょう。私はここに来るのが好きなのよ。地球をこうして見ているとリラックスできるし、心が落ち着くの」と言ったそうです。これはエレナが頻繁に乗っていてソー・ハーンも乗船している「エクセルシオール号」の母船の中でした。すると驚くことに、銀色のタイトなスーツを着た

ジャンの奥さんであるメラニーが突如、ポニーテイル姿で宇宙船の真ん中に立っていたというのです。

美代子　え⁉　どういうことですか？　ジャンの奥様のメラニーさんも宇宙船にいらしたのですか⁉

マイケル　そうなのです。彼女はジャンに、「ここで私に会って驚いた？」「ハニー、私はエレナとは長い付き合い

エレナとジャンが宇宙船内にテレポーションした船内からは、宇宙が一望できる景色が見えたという。

で友達なのよ。そのまま旅を続けてね！」と言って彼女は
テレポートして消えました。

美代子　へえ〜！　不思議ですね！

マイケル　実は、ジャンの奥さんであるメラニーは、エク
セルシオール号の乗務員だったのです。彼女は未来から来
ているそうです。ジャンは、さらに、自分の背後に人の気
配を感じたのですが、そのエネルギーはとても大きく愛に
包まれていたそうです。そこで彼は振り向くと、そこには
スーツを着た男性がいました。その男性の姿は、聖書にあ
る天使のような完璧な容姿と美しい金髪、青い瞳をして、
圧倒的なオーラで微笑みながらテレパシーで告げてきたそ
うです。「リラックスしてください。あなたは私が誰であ
るか知っているでしょう」と。

美代子　その天使のような男性は誰だったのですか？

マイケル　彼こそが、ソー・ハーンだったのです。そし
て、彼は３本の指でジャンの額に三角形の形を注入したの
ですが、これは記憶を必要な時まで消すためのものだそう

です。すると、次の瞬間にジャンは半透明の青い氷に囲まれていることに気づきました。驚いて「ここはどこですか?」と聞くと、ソー・ハーンが「ここは南極大陸の下、正確にはボストーク湖の下でありアークがあるところです」と教えてくれたのです。

エクセシオール号から 南極へ移動

美代子　えっ?　アイルランドからエクセルシオール号へ、そして、次は南極にテレポーテーションしたのですか⁉

マイケル　はい、そうです。そこにも大きなアークがあり、2人はそこにテレポーテーションされたのです。ジャンが振り向くと、エレナが体温調節のための青っぽいエネルギーを発するぴったりとしたスーツを着ていたそうです。彼はスーツを着ていませんでしたが、同じように青み

がかったエネルギーが周りにあったそうです。「なぜ、私たちはここにいるのですか？」とジャンがソー・ハーンに聞くと、「あなた方が人類を目覚めさせる鍵の役目を果たすからです」と答えたそうです。彼らはアークのコントロール室みたいな部屋にいて、中央には青い球体のようなものがあり光り輝いていました。

　そのプラズマの周囲には星に似た幾何学的な形に冬眠カプセルのチューブがレイアウトされていました。そして、その中に静止している存在がいたのです！　その中の１つ

南極の厚い氷の下にあるボストーク湖の下にもアークがある。

（画像はマイケル博士提供）

にジャンが近づくと、まるでジャンの動きが引き金になったかのように、そのチューブが光り反応したそうです。一方で、エレナはそれらのポッドには近寄れず、ソー・ハーンにはジャンの様子を見ているようにと指示されたそうです。

　つまり、ジャンが実際にそれらに触ったりできる役割であり、エレナがその目撃者になるという感じでしょうか。その時には、それ以上の体験をすることはなく、その後、エレナもジャンもそれぞれの自宅に戻ったそうです。

美代子　この時は、つまりソー・ハーンがエレナさんとジャンさんをアークにテレポーテーションすることをコーディネートしたわけですね？　なるほど！　すべてに計画があるのですね。面白いです。

マイケル　はい。ソー・ハーンはそれだけでなく、さらに、その情報が一般に公表されるまでの過程もコントロールしているとのことです。彼によると、太古の地球の気候は今とは異なり、また、磁極の位置も異なっていたというのです。太古の地球の南極は緑が多く肥沃で気候も温暖

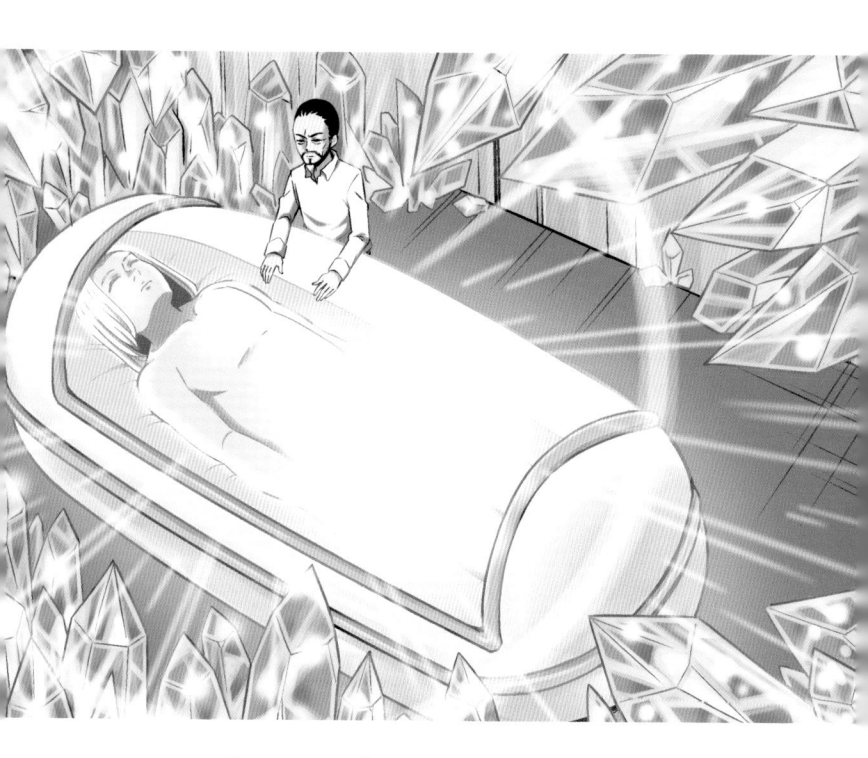

ジャンがカプセルの中をのぞくと
そこには異星人の巨人が眠っていた。

だったそうで、重要なコロニーもあったそうです。そこに住む人々はパ・タール人で、偉大な文明のもと平和と繁栄の中で暮らしていた人々であり、今ではそこは失われた大陸として語られています。しかし、実際はその大陸は失われたのではなく、理由があって氷の下に隠されているのです。人類への贈り物として、大きなテクノロジーや叡智を地下の温暖な洞窟に残したのです。秘密プログラムで働く科学者や地球アライアンスはこの事実を知っています。南極のボストーク湖の地下にあるアークは、記録の館や神殿、ピラミッドをも含むさらに大きな建造物の一部なのです。しかし、これまで誰もそれらを起動することができなかったのです。

美代子　そうだったのですね。考えてみれば、南極に多くの秘密基地があるのはそのためなのですね。

マイケル　はい、そうです。南極大陸で開かれた会議では、カバールのリーダーが地球連合や銀河連合と未来に向けての交渉を行う会合などもありました。また、レプティリアンはアークを起動させる技術を解読するためにナチスグループの人間を南極に歓迎しました。そして、自分たち

の技術や兵器を提供することと引き換えに手に入れたのは人類のDNAです。しかし、その周波数コードでさえも、レプティリアンたちはアークの活性化には成功できなかったのです。

美代子　つまり、カバールもナチスの時代からこれらの古代アークを起動したかったのですね!?

マイケル　はい、そうです。銀河間連合はこれらのアークに1つ以上の安全装置を持っています。そして、DNAに加えて崇高な意識も必要です。アークにアクセスできる人の条件は、生きていて自分が何をすべきであり、どのようにコマンドを起動させ、ポータルを開くのかなどを知っている必要もあります。つまり、アクセスできる人物を殺してDNAサンプルだけを使うことはできないのです。

美代子　そんなこともよくできているのですね！　安心しました。

アークで出会った
青い存在とは!?

マイケル　今、南極の氷が少しずつ溶けてきていることから、まさに今は、これまで人類に隠されてきた秘密が明らかになりつつある時代なのですよ。

美代子　そんな時代に生きられる私たちも幸せですね！ところで、先ほどのジャンとエレナが一緒に体験した一連のトランスポーテーションの出来事は、エレナではなくジャンがまず思い出すことになっていたのですね？

マイケル　はい、そうなのです。エレナよりもジャンの方がその記憶を先に思い出す必要があったのです。それはどういうことかと言うと、情報を受け取る人がいつも同じ人とは限らないようにしているのです。これは、とてもいい作戦だと思います。

美代子　なるほど。銀河連合はソー・ハーンを通じて、少なくとも2人の人間に同じ体験をさせて、その経験を世界

にそれぞれから、それぞれのメッセージで報告させるよう
にしたのでしょうね。

マイケル　そういうことですね。実は、その翌日の3月
29日の朝早く、ジャンは再び南極のボストーク湖へ旅に
連れて行かれたのです。この夜、ジャンはボストーク湖の
下のアークの中にいました。

美代子　え？　再び？　翌日にまた南極に行くことになっ
たのですね。

マイケル　今度は、アーク内にいたポッド内の存在は背が
高く肌が青く反射して、縫い目のないミッドナイトブルー
のスーツを着ていたそうです。そのスーツには、三角形の
中に星座が描かれたマークがあったとのことです。その瞬
間ジャンは突然、目が覚めてソファーに戻っていたそうで
す。後にエレナにも話を聞いたところ、彼女いわく、ジャ
ンがポッドの中にいる青い生命体らしきものと対話してい
るのを目撃したと言っていましたね。

美代子　その青い存在は何者なのでしょうか？

マイケル　ジャンによると、その青い存在のダークブルーのユニフォームには、プレアデスの星を表現するようなエンブレムが付いていたそうです。だから、プレアデスからの存在なのかもしれません。また、宇宙船内には多くのクリスタルが使われていたそうです。クリスタルはアークの至るところで使われているようですね。

美代子　母船でもクリスタルは多く使われていますよね？

古代アークをはじめ宇宙船など宇宙では、クリスタル・テクノロジーが大いに活用されている。

（画像はマイケル博士提供）

II

ディスクロージャーは今すぐな、に！ 人類の種の起源
「シーダーズ」の来訪で宇宙時代がスタート！
Dr. Michael Salla Dr. マイケル・サラ

マイケル　はい。

美代子　今、地球上にもヒーリングなどをはじめ、クリスタルに携わる人たちが加速度的に増えてきていますよね。

マイケル　はい、そのようですね。

木星の２つの衛星
ギャニメイドとエウロパへ

美代子　それにしても、JPさんのミッションのお話は、現実とは思えないほど不思議なものが満載ですね。他にも何か彼について面白いエピソードはありませんか？

マイケル　そうですね。他にもこんな話がありますよ。JPはノルディックに連れられて、木星の２つの衛星であるギャニメイドと「エウロパ*」に向かう護衛艦の１つに

搭乗したことがあります。このミッションは、米軍は関与していないものだったそうです。そのエピソードとは、ある日、彼が会社の帰りに1人で郊外の道を運転していると、宇宙船が降りてくるのが見えたそうです。そこで彼は道路の脇に車を停めたのですが、これも偶然なのか、彼が走っていた道の前後には他の車が1台も走っていなかったそうです。彼はすごいタイミングだなと思いながら、駐車

＊エウロパ

木星の第2衛星で月より小さく、太陽系内の衛星の中では6番目に大きい。比較的明るい衛星で双眼鏡でも観察可能。厚い氷の外層を持っているとされ、外側は凍った氷の地殻で氷の下には液体の海が存在しているといわれている。エウロパは右の衛星。

II

ディスクロージャーは今すぐに！人類の種の起源
『シーダーズ』の来訪で宇宙時代がスタート！
Dr. Michael Salla 博士 マイケル・サラ

した車に鍵をかけると、降りてきた宇宙船に近づいていったそうです。すると、気づくと次の瞬間にはすでに彼は宇宙船内にいたそうです。そしてそこには、船内の乗組員として、彼が2008年にブラジルで初めて出会った見覚えのある3人のノルディックたちがいたのです。JPいわく、未だに彼らの名前を教えてもらっていないそうです。

　この時のミッションでは、木星の衛星のギャニメイドにある他の地球外生命体の基地で、ノルディックの輸送船団から基地の関係者が物資を受け取るミッションを見学するよう依頼されたとのこと。これについてJPは、その基地が2021年11月に米宇宙軍の輸送船団として訪問したギャニメイド基地とは別のものであったと述べています。次に、彼はもう1つの木星の衛星であるエウロパに連れて行かれたこともあるそうです。この時、彼の乗った宇宙船はクレーターの内側にある洞窟に入っていったそうです。すると巨大な洞窟の中には、大きなクリスタル（結晶）でできた都市が広がっていたそうです。そこには、その都市に隣接して広大な美しい海もあったそうで、彼はこの時に目撃した地下都市と宇宙輸送船をスケッチに残しています。また、その場所にはきれいなクリスタルの氷の摩天楼

も立っていたそうで、あたりからは、薔薇やミントのような香りがしたとのこと。その場所で息を吸い込むとハチミツのような味わいもして、とても心地よかったとのことです。

　驚くことに、その回のミッションでは、携帯電話の持ち込みが許可されたそうですが、アメリカ宇宙司令部が行っている秘密宇宙プログラムのミッションでは、個人の電子機器はすべて置いていかなければならないのです。しかし、JPはエウロパ内部の街並みや、彼が乗船した場所に戻ってきた時に、彼を降ろした後、出発するノルディックの宇宙船を動画で撮影しており、それらの写真と動画を公開しています。ただし、エウロパ内部の街の写真についてのみは、公開の許可が下りるまで非公開だそうです。最後にノルディックは去っていく際に、テレパシーで「あなたは我々が誰か知っています」と伝えられたそうです。

美代子　そうですか。それにしても、JPさんが自分の携帯で現地の様子などを撮影することを許されたというのは、これまでNGだった部分がOKになったということでディスクロージャーへ大きな一歩を感じますね。

人間が天使として信じていた存在がノルディック!?

マイケル　はい。JP は 2008 年からこのノルディックとのコンタクトがスタートしていて、一度、ノルディックと彼らの宇宙船で木星の衛星のギャニメイドにも行ったことがあるそうです。その際に、宇宙船の中でノルディックから「スロベニアにも巨人がいて、君はこれからミッションで行くかもしれない」とも告げられたそうです。ちなみに、スロベニアの巨人を守っている兵士はインナーアースから来た種族でピコ山の近くにいるそうで、その兵士の見かけは髭の長い男性で首に髭をぐるぐる巻いているとのことです。ノルディックは何千年も前に巨人と働いていたことがあるらしく、彼らはこの件についてメッセンジャーのような役割を果たしていたようだと JP は話していました。

美代子　スロベニアにもアークがあるのですね!?　そうすると、ノルディックと米軍との関係はどうなっているのでしょうか？

マイケル　明らかにノルディックと米軍は一緒に動いているようです。2017年に米軍がノルディックにJPの面倒を見るようにとお願いしたようです。とにかく、スロベニアの巨人も今、目覚めようとしていて、それを守る種族がその準備に入っていると言うのです。ノルディックもJPに「エンキが来たから、今、巨人が目覚めようとしている！」と宇宙船の中で話したそうです。太陽系に来たエンキは圧倒的な存在感であり、かつ高波動を放っており、すべてに良い影響を与えているとのことです。JPが言うには、「ノルディックとは、人々がかつて天使だと信じていた存在なのかもしれず、今後、宇宙船に乗った体験を語る人も多く出てくるはず。世界中の人々が銀河で起きている真実に気づくのも間近であり、そう遠くないうちに、すべてのことが暴露されるだろう」と興奮して話していました。

美代子　素晴らしいことですね。私も地球の波動が上がっているのを感じます。とにかく、エンキの帰還がこれから宇宙時代を迎えるにあたっての最大の鍵になりますね。

マイケル　はい、エンキが帰還したことにより、地球の

アークだけでなく銀河でも同じことが起きていて、先述の木星の衛星であるエウロパの巨大な都市が活動を開始したのですから。エウロパには大昔には地球から人類も大勢来ていたようですよ。

美代子　それは興味深いですね。それにしても、銀河連合のノルディックとJPさんの関係が知りたいですね。もしかしたら、JPさんはノルディックが一時的に地球人になり代わっているのかもしれませんね。JPさんのお役目は重要ですね。JPさんの古代アークへのミッションは博士がすべてインタビューをしてYouTubeで紹介していますので、興味のある読者の方はぜひそれらの動画も見ていただければと思います。それでは、そろそろお時間が近づいて参りました。マイケル博士、今日は長い時間にわたってのインタビューにお付き合いいただき、誠にありがとうございました。

　博士はJPさん、エレナさん、ジャンさん、デイビッドさん、そして今回この本でご紹介しているパートⅠのトニーさんなど、実際に宇宙を体験された皆さんが必ず真っ先に相談や報告をされるという唯一無二のお方です。だか

ら、宇宙に関する情報や秘密宇宙プログラムのこと、また
ディスクロージャーに関わることは、この地球上でマイケ
ル博士が一番、お詳しいのではないかと思います。特
に、拉致されて宇宙での任務に就かされた奴隷兵士である
「スーパーソルジャー」たちは、多くの場合、長年の洗脳
や薬漬けなどにされてきたことから、彼らの語る情報につ
いてはその信頼性の検証が必要になってきます。そういっ
た意味においても、博士がご自身の貴重な時間とエネル
ギーを割いてそれらを検証し判断されて発表されているこ
とも、とてもありがたいことだと思っています。ぜひ、こ
れからも博士には最新の情報、そして真実の情報を地球の
人々に提供していただけたらと思います。

マイケル　わかりました。こちらこそ、今日はありがとう
ございます。美代子さんも日本の読者にこれらの情報を伝
えていただけるという意味においては、お役目は大きいと
思いますよ。ぜひ、今後のご活躍も期待しています。

美代子　ありがとうございます。今日はとても充実した時
間でした！　ぜひ今後とも、博士とは定期的にこうしてお
話ができればうれしいです！　それでは、またお会いしま

しょう！

マイケル　はい、ぜひまたお会いしましょう！　さようなら！

美代子　はい、さようなら！

III

"銀河の戦士たち" が今、結集！
光の勝利が人類の解放を導く！

Miyoko
Angel

〜インタビューを終えて〜
Miyoko Angel

赤裸々に真実を語ってくれた
トニーさんの勇気を讃えたい！

　パートⅠの奴隷兵士としての数奇な運命を語ってくれた
トニー・ロドリゲスさん、そして、パートⅡの地球外生
命体とUFOの研究に人生を捧げているマイケル・サラ博
士との対話はいかがでしたでしょうか？

　10歳のある夜、突然、自宅のベッドから拉致されて以
降、20年間も闇側の「秘密宇宙プログラム」の労働に強
制的に参加させられたトニーさん。
　地球や月や火星、セレスなどで壮絶な日々を送った後
で、30歳の成人男性になり20年の任務が終わると、また
拉致された夜の10歳の少年へと戻されたのです。
　しかし、そこで苦しみは終わらず、時間を戻された時点
から改めて自分自身の統合に再び長い年月が必要になった
のです。

　一見すると、それはまるで、SF映画のシナリオのよう

に信じがたい人生なのですが、実は、すべてこれらは実際にトニーさんの身に起きたことです。

　私たちは、そんな彼の体験談を聞くと、「本当なの？」という驚きだけでなく、「ひどい、許せない！」などという怒りの反応が湧いてくるのはもちろんのことなのですが、不思議なことに、彼の体験談にはとても深みがあって、また、感動するエピソードも多かったのではないでしょうか。

　たとえば、ペルーで祖母のような人との出会いを通じて、初めて人から与えられる愛情の温かさを知ったこと。

　また、戦いのミッションで知的な異星人マンティスと対峙した際に、自身の本質を見抜かれて「あなたの目的は愛することです」と教えられた後、マンティスたちの方から去っていったことなど。

　トニーさんにインタビューをしていると、トニーさんのお人柄、そして彼の尊さや"徳の高さ"が伝わってきて、私は幾度となく深い感動を覚えたのです。

　きっと誰もが彼の体験談から、多くのことに気づきや学びを得たのではないでしょうか。

　もし、トニーさんの体験にさらに興味を持たれた方は、

彼の著書には少年の目から見た体験がリアルに書かれてあるので、英語ができる方はぜひ、読んでいただけたらと思います。また、いつか翻訳本が出ることも望んでいます。

　それにしても、ここまでの想像を絶するような体験を赤裸々に語ってくれたトニーさんですが、彼はこれらの体験を明らかにしたことで、彼の子どもは学校でからかわれているそうです。

　実は、トニーさんと同じような体験をした人はまだまだいるのです。

　けれども、トニーさんのように奴隷体験を思い出したとしても、「絶対に誰にも話さない！」と決意している人もいる状況の中、すべてを明かしてくれたトニーさんの使命感と覚悟は相当なものであり、彼の勇気を讃えたいと思います。

キャリアの道を閉ざされた
マイケル博士の情熱

"銀河の戦士たち"が今、結集！ 光の勝利が人類の解放を導く！
〜インタビューを終えて〜
Miyoko Angel

　次に、マイケル博士からはディスクロージャーの最新事情を教えていただきました。

　対話中に、博士のプロフィールをお伝えしている通り、もともとは、博士はアメリカの大学で助教授を務めていたり、大学付属の組織で在宅研究員などを務めたりしていた学者畑の方でした。

　しかし、2001年の博士が42歳の時に、ディスクロージャー・プロジェクトの記者会見に参加して以降、地球外生命体に関する調査を開始し、その論文を発表してからというもの、アカデミズムの世界からは追い出されたような形になってしまい、サラリーも失うことになってしまいました。

　けれども、博士の「宇宙政治学（エクソポリティクス）」に対する情熱はさらにそこから燃え上がり、「Exopolitics.Org」というサイトを2003年に開設して無料で世界に向けて公開しました。

　そして、このサイトは2021年末までには1100万人が訪問するほどメジャーなサイトにまで成長しています。

闇の権力であるカバールにとって宇宙人や秘密宇宙プログラムは最高機密の案件であり、歴史の中で、これらの情報を公開しようとした人の多くは暗殺されてきました。

　幸運なことに、博士は命を落とすことはありませんでしたが、キャリア面での命は絶たれてしまったのです。

　アカデミズムにおける地位と名誉、経済的な失墜は、ある意味、もう１つの暗殺にも匹敵する仕打ちではないでしょうか。

　そんな博士は、お話ししていると非常に穏やかで紳士的な方ですが、その内面には炎が燃えるような情熱を感じることができます。

　こうして博士がカバールからの弾圧に屈せず、根気よく20年間にわたって尽力されてきた研究を無料で公開してくださっていることが、結果的に、多くの密告者や体験者を引き寄せられたのだと思います。

　これまで私自身も、相当数のスーパーソルジャー＊や

＊スーパーソルジャー

遺伝子組み換えや遺伝子操作などにより、身体能力を増強したり、サイキック能力を開発したりして、通常の人間の限界や能力を超えて活動することができる兵士のこと。

秘密宇宙プログラムに関わってこられた方々へのインタビューを拝見してきましたが、ウィリアム・トムキンズ氏以外はすべて闇側に拉致された人だったように思います。

　ところが近年、銀河連合のコンタクティであるエレナ・ダナーンさんやJPさんが博士のYouTubeチャンネルの番組に登場するようになってから、今度は光側の秘密宇宙プログラムや異星人にリクルートされた方々が博士のチャンネルに次々に現れるようになったのです。

　これは、私にはうれしい驚きであり感動でした！

　つまり、光側の勝利が確信できたということなのです。

Miyokoが選ぶ
ワンポイント解説

　それではここで、この本をさらに深く理解するために、私が気づいた幾つかのキーワードを挙げて、少し別の角度から解説してみたいと思います。

①遠隔透視

　トニーさんが拉致された後、最初の時期はサイキックになる訓練を受けていたようです。

　とりわけ、そのトレーニング方法はドラッグ、拷問やトラウマを使って超能力を開花していくという方法であり、彼の遠隔透視の能力はペルーでの麻薬取引に使われていたとのことです。

　このエピソードから見ても、闇側がこういった超能力の開発に相当力を入れていたのが確認できます。

　私は多次元意識を探求することで知られている「モンロー研究所」の公式アウトリーチ・ファシリテーターの資格を取得していますが、かつて、モンロー研究所には日本のテレビ番組に出演して遠隔透視で行方不明者の事件を解決してきたジョー・マクモニーグルさんという方がいらっしゃいました。

　約20年前になりますが、当時、マクモニーグルさんはよくTVの特別番組に出ていたので、彼の名前を聞くと思い出す人も多いかもしれませんね。

"銀河の戦士たち"が今、結集！ 光の勝利が人類の解放を導く！
〜インタビューを終えて〜

Miyoko Angel

　彼はかつて米陸軍諜報局で超能力者として活躍し、功労賞ももらっていたような能力の高い人であり、米軍からモンロー研究所に研修に来ていて、その後は、研究所で指導にも携わっていました。

　私も何度も彼にはお会いしたことがあります。

　つまり、米軍情報部は超能力（遠隔透視など）に力を入れてきた事実があり（特に冷戦時代）、それは当時のソ連も同様でした。

　お互いに、どこに敵のミサイルが隠されていて、敵陣がいるのかなどを透視していて、これにはCIAが資金援助をしていたのです。

　こういった歴史上の事実から考えても、特にまだトニーさんのような10歳くらいの若い世代から特殊能力者を開発しようとする裏の動きがあったことは、十分に理解できることなのです。

②魂（意識）の永遠性

　タイムトラベルやクローン体験をさせられたトニーさん

のエピソードからも、私たちは肉体以上の存在であり、魂（意識）が私たちの本当の姿、つまり私たちの本質であることがわかりますね。

この私も『ザ・シークレット』（角川書店）を翻訳する前から「自分の意識が現実を創造する」ことをすでに学んでいました。そして、死後も意識がはっきりとあることも理解していたと思います。

まだ今のところ体験していませんが、きっと死んだ後も、「あれっ？　こんなにはっきりと自分という存在を感じられる」と思うのではないでしょうか。

そういう意味においては、今、生きている私たちは亡くなった人とも交信ができるのです。

私は、死後世界の本について書いた自著『人はあの世で生き続ける』（PHP研究所）と『前世のシークレット』（フォレスト出版）では死後の世界も探求していることから、トニーさんとは魂（意識）の世界についてもお話ができたのはとても有意義な時間だったと思います。

③カバールの悪魔崇拝

カバールの悪魔崇拝の話はよく出てきますが、「どこまで本当かどうかわからない」「作り話ではないか？」などと思っている方も多いのではないでしょうか。

けれども今回、トニーさんの体験談を通して、カバールの超エリートたちには小児性愛の嗜好（しこう）があり、子どもを性的奴隷にしていたり、また、生贄にしていたりするという実態がよくわかったのではないでしょうか。

さらには、そんな彼らが子どもたちを売買して麻薬取引に使ったり、銀河へ送って奴隷として働かせたりもしているわけです。

リアルな体験者が真実を語ってくれたことで、これらのことが作り話でなく本当であったことがわかるはずです。

そういう意味において、今回のトニーさんの体験談はとても貴重な資料になると思います。

④マイケル博士の周囲に皆が集まる

異星人との出会いがあった人をはじめ、コンタクティや

トニーさんのような体験をした人たちは皆、マイケル・サラ博士にまず自分の体験談を伝えているようです。

そして、秘密宇宙プログラムの参加者たちが博士を通して、お互いに、「あなたを見たことがある！」「あなたとはあの時に出会ったね！」などと、再会を確認したりして感激し合っているのがよくわかります。

つまり、この地球では博士を中心にして、その周囲にお互いが魂の仲間である、“銀河の戦士たち”が人類解放のために集合して、新たな宇宙時代を導いてくれているような気がします。

⑤闇の基地の解放

トニーさんが命を落とすことなしに彼のご自身の本を出版できたということは、先ほども「光側の勝利が確信できた」と述べましたが、闇側の勢力がかなり排除された証拠だと思われます。

JPさんも、もっと多くの人が勇気を出して自身の体験を証言してほしい、と呼びかけていました。

すでに何度もご紹介しているエレナ・ダナーンさんは銀

河連合の特使ですが、彼女は銀河連合のソー・ハーンという高等司令官かつパイロットとつながっている人です。

　そんな彼女の著書の日本版、『心優しき地球外生命体たち』（ヒカルランド）によれば、今では月、火星、セレスなどすべてが銀河連合など光側による命がけの戦いのおかげで解放されたとのことなので、感謝しかありません。

⑥近づくディスクロージャー

　ここ最近の情報を総合的に判断すると、今の勢いで行けば、ディスクロージャーは今年（2023年）中に起きるのではないかと感じています。

　博士との対話の中でも、すでに水面下ではディスクロージャーを導くような出来事はたくさん起きており、あとは時間の問題ではないかと思われるのです。

　この本を手にとられた方は目覚めた方であり、かつ、スターシードと呼べる方だと思います。

　マイケル博士も、「今から1〜2年以内にディスクロージャーが起きるでしょう。すると、目覚めた人のところに、真実を教えてほしいと人々が殺到してくるはずです」

と話していました。

　きっと、あなたのもとへも地球と宇宙で起きている本当のことを知りたい人がやってくるかもしれませんね。

　以上がこの本での対話から気づいた幾つかのキーワードにもとづく、私なりの見解です。

　あなたも、トニーさん、マイケル博士との対話の中で気づいたポイントをあなたなりにリサーチしてみると、さらに新たな発見があるかもしれませんね。

III

"銀河の戦士たち"が今、結集! 光の勝利が人類の解放を導く!
～インタビューを終えて～

Miyoko Angel

おわりに

　最後まで本書を読んでいただき、ありがとうございます。

「おわりに」として、インタビュー後に入手した最新情報や、本書でご紹介できなかった所感などを少しご紹介しておきたいと思います。

ディスクロージャーの背景や裏事情、今後の予定について

　本書を読まれた方は、闇側と光側が進めていた「秘密宇宙プログラム」について、なぜここまで人類にとって大事な情報が表に出てこなかったのか、と疑問に思われる方も多いかもしれません。

　実は、これまで秘密宇宙プログラムやUFO、地球外生命体などの情報が軍の関係者からリークされることは厳しく法律で禁じられていて、これを破ると10年間も刑務所

に入らないといけなかったのです。

　他にも、情報を掴み正義感から密告しようとした人は、自殺に見せかけられて暗殺されてきました

　それが今、法律の改正で証言できるようになったとのことです。

　本書でも言及しているように、実際にはもっと多くの人々が秘密宇宙プログラムを体験しているので、今後はマイケル博士のもとへ大勢の証言者たちが集まってくるはずです。

　また近年、噂されていた「世界同時緊急放送」もなかなか実際には起きませんでした。

　実はこれについて、銀河連合から情報を入手するエレナさんによると、「緊急放送については聞かされていないけれど、ディスクロージャーの計画は確実にあります。ただし、人々の間にカオスが起きないように細心の注意を払って情報は暴露されていきます」とのことでした。

　エレナさんは、すでに“ソフト・ディスクロージャー”としてイラストで情報を開示することを許されている他、

本書でも出てきましたが、JPさんは写真撮影まですでに許可されていましたね。こういったことからもディスクロージャーが近いことが予測できるのではないでしょうか。

　現在、マイケル博士を中心に光側の銀河連合と地上アライアンスのメンバーたちが集まっていて、加速度的にディスクロージャーの活動が展開されていることが博士のYouTubeチャンネルを見ているとよくわかります。
　私も喜びあふれる未来のために、これからも休みなく配信をしていきたいと思います。

　現在、まだまだ不安定な世の中ですが、カバールに力が残っていればディスクロージャーは起きないので、地上で起きていることには心配する必要はありません。
　ぜひ、今後のディスクロージャーを心待ちにしたいと思います。

日本にもアークがある！

　ジャンさんによると、日本にもアークがあるそうです。

　昨冬（2021〜22年）にジャンさんがテレポーテーションをして、富士山の下にアークを発見しました。ということは、日本にもこのアークを起動させるという大きな役割がありそうですね。

　ちなみに、エレナさんもジャンさんと一緒に東京にテレポーテーションをしてきたそうですが、2人ともパジャマ姿だったのでとても恥ずかしかったと言っていました（笑）。

　この時、エレナさんの方はソー・ハーンが登場する母船が迎えにきて、しばらくするとアイルランドの自宅に戻れたとのことですが、ジャンさんはそのまま富士山の地下へと探検に行ったそうです。

　これについても、また詳しくお聞きしてみたいです。

銀河の仲間が人類に伝えたいこと

　銀河の仲間たちからのメッセージを一言で集約すると、「カバールのアジェンダである恐怖に陥らないように」ということになります。

私たちは光（ソース）から誕生した存在であり、誰もが神の一部であり神聖なる存在なのです。

　実際には、そんなことをすっかり忘れて生きているのが私たち人間なのですが、ぜひ、この機会にご自身が肉体を超えた永遠なる意識体であることを思い出してほしいのです。

　銀河連合も、「人類は自身の偉大さに気づくように。そして、ポジティブに過ごすこと」というメッセージを届けてくれていますが、地球人の誰もが宇宙の11種族のDNAを保持しているそうで、それらを発揮すれば、テレパシーやヒーリングなどさまざまな能力が発揮できるそうです。

　今は、地球の周波数も上がってきているので、銀河連合や地上アライアンスの救出を待つのではなく、自分の尊厳を守りながら、一人ひとりが世界を変えていこうと立ち上がることが大切です。

　読者の皆さんのほとんどはスターシードだと思われるので、ぜひ、波動を上げて愛と感謝の気持ちで日々をポジティブに過ごしていただきたいと思います。

　エレナさんの未来透視によると、20年後の未来では、私たちは宇宙船で宇宙のコロニーに旅出ているそうです。

　そんな日には、きっとあなたと宇宙船でご一緒している
かもしれませんね。本当に楽しみです！

　今回、ご自身の壮絶な体験を私たちにシェアしてくだ
さったトニーさん、そして、すべてを投げ捨てて、地球外
生命体や最新の宇宙情報を研究されているマイケル・サラ
博士に、心からお礼を申し上げます。
　また、アメリカ宇宙軍に所属し、ノルディックのコン
タクティでもあるJPさん、銀河連合の特使のエレナさん、
ソラリス号の司令官のジャンさん、また、銀河連合高等司
令官のプレアデス人、ソー・ハーンさんにも感謝の気持ち
をお伝えしたいと思います。

　さらには、ヴォイスの大森社長と編集の西元さん、デザ
インの小山さん、イラストの那波さん、校正の野崎さんに
も感謝いたします。そして、私をいつも応援してくれてい
るスターシードの仲間や家族にも感謝を込めて。
　最後に、何よりもこの本を手に取ってくださった読者の
皆様へ。
　ありがとうございます！

佐野美代子

佐野美代子
Miyoko Sano

東京生まれ。商社マンの父の赴任先の英国ロンドン郊外で小学校時代を過ごし、大学時代はボリビアの大学にも留学。 神戸大学付属中学卒業、大阪教育大学付属高校卒業、上智大学英文学科卒業。外交官の夫と共にパリ、ジャカルタ、ニューヨーク、ジュネーブ、コペンハーゲンと駐在し、海外生活は通算24年以上。外交官夫人として国際文化交流の活動をする一方で、国際会議の同時通訳者として20年以上活躍。モンロー研究所公式アウトリーチ・ファシリテーター。元デンマーク、ジュネーブ軍縮日本政府代表部大使夫人。

∽ 通訳 ∽

国連、ILO、欧州委員会などの国際会議の同時通訳、宇宙データ通信、金融、投資、文化、教育、環境、広告、経済、IT・情報通信など幅広い分野の会議通訳。ジョージ・ルーカス、宇宙飛行士、ヴァレンチノ・ファッションショー、フランク・ミュラー、東京都知事とジュリアーニ市長、ハワイ州知事など数多くの記者会見。CNN 2カ国放送の通訳。バーバラ・ブレナン、ラムサの学校、クリムゾン・サークル、モンロー研究所など数多くの精神世界の同時通訳。

∽ 著書・教材 ∽

全世界で3000万部を超えるベストセラーとなったロンダ・バーンのシリーズ『ザ・シークレット』『ザ・パワー』『ザ・マジック』『ヒーロー』『ザ・シークレット　日々の教え』『ザ・シークレット　人生を変えた人々』『ザ・シークレット to TEEN』（KADOKAWA）を山川夫妻と翻訳。世界の5000万部超の著者ルイーズ・ヘイとモナ・リザ・シュルツ医学博士が書いた『すべてうまくいく』（KADOKAWA）を翻訳。著書に『地球と人類を救う真実追求者たちとの対話　TRUTH SEEKERS ～光と闇の最終章が今、はじまる』『人類の覚醒に命を懸ける真実追求者たちとの対話 TRUTH SEEKERS II　～光の勝利で、ついにカバール陥落～』『銀河連合からの使者＆スタートラベラー　銀河プロジェクト I』（ヴォイス）、『世界の衝撃的な真実　闇側の狂気』『世界の衝撃的な真実　光側の希望』『この惑星をいつも見守る 心優しき地球外生命体たち（翻訳）』（ヒカルランド）、『あなたが願う愛と幸せは現実になる』（廣済堂出版）、『人は「あの世」で生き続ける』（PHP研究所）、『前世のシークレット』（フォレスト出版）の他、『シークレットコード』DVDや『あなたの願いを宇宙が叶える7日間の魔法のプログラム』（フォレスト出版）などの音声教材もあり。

∽ 活動 ∽

全国各地で引き寄せの法則の講演会やセミナー、ヘミシンクの瞑想セミナーや企業向け研修の講師として好評を博す。世界真実セミナーも各地やズームで開催。海外生活体験から得た豊かな感性、英語力と世界中の人脈を使い、最先端の世界情報を発信中。夢は「世界中の子どもたちが笑顔で暮らせる世界を実現すること」。

◆ YouTube チャンネル
「Miyoko Angel2」

◆ YouTube チャンネル
「Miyoko AngelQ」

◆ You Tube チャンネル
「Miyoko Angel 33」

◆ ブログ
「佐野美代子 Official Blog」

◆ 公式サイト
「佐野美代子オフィシャルウェブサイト」

◆X
「佐野美代子 Miyoko Sano」

◆メンバーズサイト
「佐野美代子 メンバーズサイト」

◆インスタグラム
「miyokosano」

◆お問い合わせ事務局
miyokosanojimukyoku@gmail.com

隠されてきた光と闇の
「秘密宇宙プログラム」のすべて
銀河プロジェクトII

2023 年 4 月 30 日　　第 1 版第 1 刷発行
2024 年 10 月 25 日　　　　第 2 刷発行

著　者	佐野 美代子

編　集	西元 啓子
校　正	野崎 清春
イラスト	那波 ナオキ
デザイン	小山 悠太

発行者	大森 浩司
発行所	株式会社 ヴォイス　出版事業部
	〒 106-0031
	東京都港区西麻布 3-24-17 広瀬ビル
	☎ 03-5474-5777（代表）
	📠 03-5411-1939
	www.voice-inc.co.jp

印刷・製本	株式会社　シナノパブリッシングプレス